地域社会学会年報第 28 集

「復興」と「地方消滅」：地域社会の現場から

Annals of Regional and Community Studies Vol.28

地域社会学会編

2016
ハーベスト社

「復興」と「地方消滅」：地域社会の現場から

地域社会学会年報第28集(2016.5)

◆特集 「復興」と「地方消滅」：地域社会の現場から

国土のグランドデザインと地域社会 ……………………………… 浅野慎一　5
　　――大震災と『地方消滅』の現場から――

国土のグランドデザインと地域社会 ……………………………… 築山秀夫　11
　　――中山間地域からの考察――

「美しい郷土」をめぐって ………………………………………… 友澤悠季　29
　　――岩手県陸前高田市沿岸部における開発と復興にかかわる断片――

◆論文

災害資本主義とリスクマネジメント ……………………………… 岩崎信彦　45
　　――阪神大震災20年と東日本大震災4年から見えてくること――

仮設住宅におけるコミュニティ形成を再考する ………………… 齊藤康則　61
　　――東日本大震災「あすと長町仮設住宅」における生活課題とネットワークの展開――

震災復興過程における生きがいとしての仕事 …………………… 望月美希　77
　　――東日本大震災後の宮城県岩沼市玉浦地区の農業者を事例として――

若者の地域参加に向けた組織構造に関する一考察 ……………… 松山礼華　93
　　――千葉県柏市のまちづくり団体を事例に――

◆自著紹介

小木曽洋司・向井清史・兼子厚之編『未来を拓く協同の社会システム』
　　（日本経済評論社、2013年）………………………………… 小木曽洋司　109

古平浩著『ローカル・ガバナンスと社会的企業－新たな地方鉄道経営』
　　（追手門学院大学出版会・丸善出版、2014年）…………… 古平浩　111

吉原直樹・仁平義明・松本行真編『東日本大震災と被災・避難の生活記録』
　　（六花出版、2015年）………………………………………… 吉原直樹　113

◆書評 …………………………………………………………………… 115

鳥越皓之『琉球国の滅亡とハワイ移民』（吉川弘文館　2013年）　武田尚子
／　髙久聡司著『子どものいない校庭：都市戦略にゆらぐ学校空間』（勁草書房　2013年）　牧野修也　／　荻野昌弘・蘭信三編『3.11以前の社会学　阪神・淡路大震災から東日本大震災へ』（生活書院　2014年）　内田龍史　／　谷富夫・安藤由美・野入直美編著『持続と変容の沖縄社会：沖縄的なるものの現在』（ミネルヴァ書房　2014年）　藤谷忠昭　／　丹辺宣彦・岡村徹也・山口博史編著『豊田とトヨタ：産業グローバル化先進地域の現在』（東信堂　2014年）

◆特集 「復興」と「地方消滅」：地域社会の現場から

　　　酒井恵真／　園部雅久『再魔術化する都市の社会学：空間概念・公共性・消費主義』（ミネルヴァ書房　2014年）　麦倉哲　／　木村至聖『産業遺産の記憶と表象：「軍艦島」をめぐるポリティクス』（京都大学学術出版会　2014年）　森久聡　／　尾中文哉『「進学」の比較社会学：三つのタイ農村における「地域文化」とのかかわりで』（ハーベスト社　2015年）　松薗（橋本）祐子

◆第9回(2015年度)地域社会学会賞の受賞結果 ……………………………………… *131*

◆地域社会学会活動の記録(2015年度) ……………………………………………… *135*

◆投稿規定 …………………………………………………………………………………… *139*
◆執筆要領 …………………………………………………………………………………… *140*
◆著作権規定 ………………………………………………………………………………… *141*

◆ English Summaries of Articles ………………………………………………………… *142*

◆編集後記 …………………………………………………………………………………… *148*

Annals of Regional and Community Studies Vol.28 (May 2016)

Contents

Featured Article: Considering "Revitalization" and "Extinction of Hinterlands" Policies from Local Point of View

The Grand Design of National Spatial Development and Regional Society: **Shin'ichi Asano**
　Perspectives from the Scenes of the Great Earthquake and "Extinction of Hinterlands"

"Grand Design of National Spatial Development towards 2050" and Local Community
　: Based on Researches in Foot-Hill and Mountain Areas　**Hideo Tsukiyama**

Memories of the Beautiful Hometown:　**Yuuki Tomozawa**
　A Diachronic Analysis of a Development Project and Revitalization Project in Rikuzentakata

Articles

Disaster Capitalism and Risk Management:　**Nobuhiko Iwasaki**
　Thinking on Hanshin-Awaji Great Earthquake and Great East Japan Earthquake

Rethinking Community in Temporary Housing in the 2011 Great East Japan Earthquake:　**Yasunori Saito**
　Disaster Victims' Life Problems and Support Network

Work as "Raison d'existence" in the Revitalization from Disaster:　**Miki Mochizuki**
　Case studies of Farmers in Tamaura Area, Iwanuma City, after the Great East Japan Earthquake

On the Organizational Structure of Youth Participation in Local Communities:　**Reika Matsuyama**
　Case Study of a Local Volunteer Group in Kashiwa-shi, Chiba

Book Review

Result of the 9th Award of Japan Association of Regional and Community Studies

Annual Activities of Japan Association of Regional and Community Studies

English Summaries of Articles

国土のグランドデザインと地域社会
―― 大震災と『地方消滅』の現場から ――

浅野 慎一

　地域社会学会研究委員会は、2014～16年の共通研究課題として「国土のグランドデザインと『生活圏としての地域社会』」を設定した。2015年5月に開催された第40回大会シンポジウムでは、特に「選択と集中」の渦中におかれている東日本大震災の被災地、および地方圏域に焦点を当てた。

　上記の共通研究課題については、すでに地域社会学会の『年報』や『会報』で紹介してきた[1]。一部重複となるが、第40回大会シンポジウムの趣旨を明確にするために、改めて簡単に解題させていただく。

1　「ポスト3.11（東日本大震災）」をどう受けとめるか？

　2012～14年の共通研究課題は、「ポスト3.11の地域社会」であった[2]。そこには、東日本大震災を画期として、被災地のみならず、日本の地域社会全体が大きな転換期を迎えたのではないかという問題提起が含まれていた。

　転換の内実や位相をめぐっては、学会内でも多様な見解・論点がある。

　ただし、「ポスト3.11」の地域社会において、「選択と集中」が一つの重要なキーワードとなっていることは、否定しえない事実であろう。

　それは、震災復興事業に顕著に見て取れる。

　阪神淡路大震災（1995年）と東日本大震災（2011年）の復興事業は、確かにどちらも「創造的復興」という名のショック・ドクトリンに貫かれ、被災地住民の生活やコミュニティは多大な困難を強いられてきた。

　しかし阪神淡路大震災は、被災地が主に大都市圏で、しかも比較的狭域であった。そこで、国益・資本蓄積を目的とする集中投資が、被災地の産業・雇用創出、および生活・コミュニティの再建へとトリクルダウンし、またはトリクルダウンが可能との幻想を生み出し得た。全被災地の面的復興も、資本の目的と大きく矛盾しなかった。

　これに対し、東日本大震災の被災地は、極めて広域的な農山漁村であった。また放射能汚染は、ほぼ永続的な被害をもたらした。そこで、国益・資本蓄積という目的に照らし、全被災地の面的復興は最初から度外視され、「選択と集中」つまり棄民・辺境の創出を前提とした復興計画が立てられたのである。

　これは、被災地の地域的特性のみに由来する差異ではない。「ポスト3.11」すなわち日本の国家・資本主義の構造変容に裏付けられた転換でもある。したがってまたその転換は震災

復興事業のみならず、日本の国土・地域政策全体に通底している。

　この論点は、従来、本学会で議論されてきた開発主義国家の定義・評価とも深く関わる。すなわち「開発主義＝国家主導の『選択と集中』による格差拡張＝広義のショック・ドクトリン」と捉えれば、「ポスト3.11」はまさに開発主義の一層の強化・バージョンアップである。逆に「開発主義＝イデオロギーとしての『国土の均衡ある発展』＝トリクルダウンによる国民統合」と捉えれば、「ポスト3.11」は開発主義の放棄・終焉を意味している。もとより、こうした二項対立的な整理は、現実を単純化しすぎている。しかし、「ポスト3.11」が地域社会学に、開発主義国家をめぐって一層深い考察を迫っていることは確かであろう。

2　ポスト・コロニアルの東アジアにおける開発主義国家

　また本学会での国際比較研究をふまえれば、開発主義国家は日本のみならず、ポスト・コロニアルの東アジア諸国にある程度、共通して立ち現れていた。そこでは、国家の産業政策に基づき、国内沿海地域に工業生産基盤が増設され、国内農村人口の流動化によって低賃金労働力が調達され、一国単位の輸出主導型経済成長が達成された。当然、一国内での地域間格差は極度に拡張され、各地域は資本蓄積・国益の手段として改造された。ただし同時に、一国単位の経済成長の恩恵を周辺化される地域にわずかながら「補償」として滴らせ、またその期待を醸成することで国民統合が図られた。この両側面の結合こそが、東アジアにおける「世界の工場（＝成功した「周辺」）」に不可欠の地域的基盤であった。

　日本は、1970年代に「世界の工場」としての地位を失い、「中核」へのキャッチ・アップを模索してきた。ただし、多国籍企業化・移民労働力の受け入れにおいて、「中核」たる欧米諸国との落差は歴然としていた。「世界の工場」としての東アジアには、EUのようなトランス・ナショナルなリージョンも存在しなかった。国内周辺地域への「補償」によって支持基盤を構築してきた保守政治の改革も、容易ではなかった。そこで日本では、グローバルな資本蓄積のためのリスケーリングも、一国内部での開発主義の特徴を色濃く残したものにとどまらざるをえなかった[3]。

　しかしそれでも日本の国家・資本は構造改革に取り組み、グローバルな資本蓄積力を強化し、まがりなりにも「準中核国家」化（＝二流の新自由主義国家化）を達成してきた。

　同時に日本の国際的プレゼンスは、それを支えてきたアメリカの相対的地位低下とともに着実に低下している。中国は「世界第二位の経済大国」として政治・軍事・経済諸力を高めただけでなく、高度経済成長の終焉を迎え、日本と同様、従来の一国単位での開発主義国家の限界に逢着し、その打開策の一つとして新自由主義・新国家主義（「中華民族五千年の夢」習近平）を台頭させつつある[4]。

　こうした中で発生した東日本大震災とその復興事業は、日本の国家・資本にとってさしあたり一国内部での「選択と集中」を飛躍的に推進する絶好の契機であった。従来のナショナル・ミニマムを前提とした「格差／過疎」を超えた、グローカルな「棄民／辺境」の創出へと政策の舵が大きく切られたのである。その対象は、被災地の復興事業だけではない。あらゆる地方圏域・大都市圏域の生活諸領域で、一国単位の公共性が形骸化・空洞化しつつある。

同時に日本国家は、戦後の国際秩序の改編（集団的自衛権行使容認、安保法制、改憲準備）に踏み出し、海洋・離島・情報空間に新たな安全保障機能を構築しつつある。これと相即して、地域発の新国家主義も台頭している。国家による「選択」を唯一の獲得目標（生き残り・苦境脱出の突破口）とみなす自治体間競争が熾烈化し、これは結果として国家による統制力を強化し、地方自治を実質的に空洞化させている。また従来型の一国単位の開発主義国家への信頼崩壊は、代替する新国家主義への移行（「戦後レジームの脱却」）を支持する世論を、決して一部とはいえない広がりをもって醸成しつつある。

こうした変化を、一国単位の「開発主義＝国民統合」の終焉とみなすか、それとも一国単位の「開発主義＝格差拡張」の強化と捉えるか、前述の如く、それ自体が一つの論点でありうる。しかしいずれにせよ、開発主義とその変化が、世界資本主義システムにおける日本・東アジアの相対的位置、および、その変動局面との関連で明確に位置づけられなければならないことは確かであろう。

3　「国土のグランドデザイン2050」と「地方消滅」

折しも2014年7月、国土交通省は「国土のグランドデザイン2050」を発表した。これは、「ポスト3.11」に日本政府が打ち出した初めての本格的な国土改造計画である。また、すでに実施されつつある諸政策の体系的提示でもある。

「国土のグランドデザイン2050」は、日本の国土に3つの圏域の創出を企図している。

まず第1は、大都市圏域である。リニア中央新幹線で三大都市圏を一体化し、世界最大のスーパー・メガリージョン、国際経済戦略都市を構築する。

第2は、地方圏域である。ここでは、徹底した「選択と集中」が推進される。すなわち「まず、サービス機能の集約化・高度化を進め、交通及び情報ネットワークで住民と結ぶとともに、その後、一定の時間軸の中で、誘導策等により居住地の集約を進める」。増田寛也氏・日本創成会議等による「地域消滅」を想定した一連の提言は、この地方圏域構想の骨格を成している[5]。東日本大震災の被災地のほとんどは、この地方圏域に含まれる。

第3の圏域は、海洋・離島だ。ここでは、主権と領土・領海の堅守、領海・排他的経済水域のすべての最大限活用が目指される。「選択と集中」は適用されない。そして「国境離島に住民が住み続けることは国家国民にとっての利益」とされ、その住民は「現代の防人」であると明記された。

そしてこうした国土・地域の担い手は、行政・企業・住民・ＮＰＯ等の相互連関で担う公共的価値（「新たな公」）とされる。既存の住民自治・地方自治に基づく公共性への期待・言及は見られない。

4　「生活圏としての地域社会」というオルタナティヴ

一方、こうした「国土のグランドデザイン」に対し、住民の「生命−生活 (life)」の発展的再生産の圏域、つまり「生活圏としての地域社会」は、まったく異なる論理で生成−展開

している。したがってそこには、「国土のグランドデザイン」に基づく地域改造に包摂されず、むしろそれに抵抗したり、そこからはみ出したりする多様な主体性が立ち現れざるをえない。

まず第1に、一国内での「選択と集中」それ自体に抵抗し、一国単位の公共性の回復を求める批判的国民主義という主体性がある。「国家は国民のためにある」といった国民主権の原理やそれを前提とした地方自治に依拠し、地域・生活を守ろうとする動きである。戦後民主主義に根ざした文化資本・社会関係資本を共有する中高年世代を中心に、従来の保革の枠を超えた連帯も一定程度、進むと思われる。

第2に、「ポスト3.11」においては、「選択と集中」の進展に伴う多元化・多層化を前提として、国家（公共性）に期待も依存もしない共同性、つまり脱国家的な共同主義に根ざす主体性も無視しえまい。そこには、少なくとも二つの階層がありうる。一つは、辺境・棄民における周辺的抵抗で、いわば生きるための選択の余地のない共同だ。いま一つは、市場に依拠した私的所有者による選択的共同である。そしてこうした脱国家的（脱公共的）共同主義に基づく「生活圏としての地域社会」は、脱領域的・越境的で自在に変化するものとなる。同時に各種の共同主義には、多様な階層性・排他性・相互の利害対立が必然的に付きまとう。

そして第3に、地域社会に蔓延する諦観や無関心の中にすら、静かな抵抗・主体性が息づいている。「どうしようもないから、何もしない」、「なるようにしかならない」といった言葉の陰には、それでも生きていくことを前提とした多様な主体性が複雑に錯綜している。

「国土のグランドデザイン」に象徴される国土・地域改造の進展、および、住民の「生活圏としての地域社会」の創成。この双方の実態と関連を正確に把握し、その歴史—社会的意義を解明することは、現代の地域社会学において重要な学的課題といえよう。また、これらの課題を深める上で、自然・偶然・生命・時間・当事者性等、これまで地域社会学が十分に射程に収めてこなかった諸要素をどこまで理論化しうるかも問われる。研究と実践の関係についても、一層踏み込んだ考察が不可欠である。

5　大震災と『地方消滅』の現場から—第40回地域社会学会大会シンポジウム

以上をふまえ、第40回大会シンポジウムでは、「集中と選択」の渦中にある東日本大震災の被災地、および地方圏域に焦点を当てた。

報告は、築山秀夫・友澤悠季・長谷川公一の三氏にお願いした。

まず築山秀夫氏は、研究委員でもあるので、委員会での議論をふまえ、日本の国土計画・地域政策の変遷、「国土のグランドデザイン2050」の特徴と意義についての総括的報告をお願いした。併せて、2005年に長野市に合併された中山間地域・旧大岡村を事例として、国家による「選択と集中」の実態やそこで生じている諸問題を詳細に分析・紹介していただいた。

友澤悠季氏には、岩手県陸前高田市の復興事業のありようを、高度経済成長期の開発事業やそれへの反対運動と比較しつつ、一つの地域史として論じていただいた。またその中で、「風土の時間」や「復興の時間」、「揺れ迷う時間」、「模索し続ける時間」、そして「復興の加速化」

や「復興の遅れ」等々、時間というものが持つ固有の意味について掘り下げて考察していただいた。

　長谷川公一氏は、すでに1990年代から原子力発電やそれに依存した社会のあり方について、新しい公共圏の観点から研究を進めてこられた。また福島原発事故、三陸沿岸の津波被害等、多様な被災地における復興事業の実態や問題について研究されている。今回の報告では、マクロな国土のグランドデザイン、「ポスト3.11」のトータルな地域社会の変貌との関連で、被災地の現状と展望を論じていただいた。

　シンポジウムの討論者は、新原道信氏・熊本博之氏にお願いした。新原氏は、サルディニアをはじめとする多くの地域で境界領域のフィールドワークを行ってこられた。「選択と集中」の観点からいえば、しばしば切り捨てられ、引き裂かれてきた地域に生きる人々の生活や生き方の中に、苦難を知るがゆえの洞察や潜在的可能性を見出してきた研究者である。熊本氏は、沖縄をフィールドに米軍基地問題・環境問題を研究してこられた。「国土のグランドデザイン2050」に即していえば、第3の圏域としての海洋・離島との比較・関連も視野に入れ、「選択と集中」を論じていただくこととした。

　各報告、およびシンポジウム当日の主要な議論については、本年報の以下の2本の論文、および『会報』[6]を参照されたい。

　なお「国土のグランドデザイン2050」で構想される3つの圏域のうち、第1の大都市圏域、および第3の海洋・離島については、今回のシンポジウムで直接の対象として論じることができなかった。次年度の課題としたい。

6　若干の視点の提起

　最後に、今回のシンポジウムをふまえ、今後、多様な諸地域を論じる際、それらを通底する地下水脈になりうると思われる視点を、あくまで私見として述べておこう。

　まず第1は、所有と市場の歴史的規定、特に自然物をめぐるそれである。築山報告では、共同的土地所有をめぐる行政の措置と住民の対応が、コモンズの市場化とそれへの抵抗として紹介された。私的所有や市場、および資本主義の関係は、一つの重要な論点となりうるだろう。すなわち「私的所有のポジティヴな本質」（マルクス）[7]や「等価交換＝市場」が、不等価交換（搾取）・独占としての資本主義との関係でいかに疎外され、またいかに抵抗の基盤となりうるか、である。

　第2に、複数時間主義の意義と限界である。友澤報告では、多様な時間がもつ意味・重みが明らかにされた。それをふまえ、①時間における自然本質性と社会構築性、②実体・関係・認識という3つの時間規定の関連、そして③直線的時間と循環的時間の二分法等も論点の一つになるだろう。すなわち複数時間主義の重要な意義とともに、それが孕む限界・陥穽をいかに捉えるか、である[8]。

　第3に、研究における空間スケールの妥当性である。長谷川報告では、被災地の現状が、長期にわたる「国土のグランドデザイン」の歪みや首都圏の景気状況等、マクロな空間との関連を抜きに到底理解・説明しえないことが明らかにされた。同時に被災地の固有の課題が、

◆特集　「復興」と「地方消滅」：地域社会の現場から

マクロな全国的・全人類的課題と安易に結び付けられ、すり替えられていることの弊害も示された。この重要な指摘をふまえ、我が身を振り返る時、地域社会学者はいかなる暗黙の基準で、研究上の空間スケールを選択し、また使い分けているのだろう。その暗黙的基準の妥当性は、何によって担保・検証されるのか。

そして第4は、新原・熊本両氏から提起された、「抗いの契機／毛細管現象の発展」である。もとよりそのようなものは存在しないという構造主義的立場も含め、これはやはり引き続き重要な論点である。松薗祐子氏も、地域の多様な主体性・生きられた意味が、いかに政策的に具体化されるのかを問う必要を指摘する[9]。それらが国家や自治体の「政策」として結実するか否かは別として、何らかの共同性・社会圏を構築する「政治的実践＝政策」として、より具体的に把握される必要があることは確かであろう。

補注
(1) 浅野慎一 (2015)「東日本大震災が突きつける問いを受けて－国土のグランドデザインと『生活圏としての地域社会』－」『地域社会学会年報（以下、年報）』第27集、浅野慎一 (2014)「国土のグランドデザインと『生活圏としての地域社会』」『地域社会学会会報（以下、会報）』187号。
(2) 黒田由彦 (2012)「『ポスト3.11の地域社会』を問うことの意味」『会報』175号、黒田由彦 (2014)「震災復興のビジョンと現実－ポスト3.11の地域社会を考える」『会報』186号、黒田由彦 (2015)「『ポスト3.11の地域社会』の成果と課題」『年報』第27集。
(3) Machimura,T(2012)"Examining "attempted" state rescaling as a political strategy in Japan"『会報』172号36頁、町村敬志 (2012)「Examining "attempted" state rescaling as a political strategy in Japan」『会報』173号22-23頁、中澤秀雄 (2012)「(試みられた)ステート・リスケーリングと主体のリワイヤリング」『会報』174号6頁。広原盛明 (2012)「第1回地域社会学会研究例会印象記」『会報』174号も参照。
(4) 浅野慎一 (2012)「民族解放・国民主権を超えて—世界システムと東アジア」『日中社会学研究』20号。
(5) 増田寛也＋人口減少問題研究会 (2013)「2040年、地方消滅。『極点社会』が到来する」『中央公論』12月、日本創成会議・人口問題検討分科会 (2014)「成長を続ける21世紀のために『ストップ少子化・地方元気戦略』」、増田寛也＋日本創成会議・人口減少問題検討分科会 (2014)「提言　ストップ『人口急減社会』」『中央公論』7月等。
(6) 築山秀夫 (2015)「国土のグランドデザインと地域社会—中山間地域からの考察」『会報』191号、友澤悠季 (2015)「『美しい郷土』の遠景から—1970年、陸前高田市新総合開発計画と『復興の時間』」『会報』191号、長谷川公一 (2015)「国土のグランドデザインと被災地の現実」『会報』191号、清水洋行 (2015)「シンポジウム印象記」『会報』191号、新藤慶 (2015)「シンポジウム印象記」『会報』191号、松薗祐子 (2015)「選択と集中に抗う生活圏としての地域社会への問い」『会報』192号。
(7) マルクス (1975)「経済学・哲学手稿(第三手稿)」『マルクス・エンゲルス全集』第40巻、大月書店 455-489頁。
(8) 浅野慎一 (2005)『人間的自然と社会環境』大学教育出版 179-186頁。
(9) 松薗祐子 (2015)「選択と集中に抗う生活圏としての地域社会への問い」『会報』192号、2-3頁。

国土のグランドデザインと地域社会
―― 中山間地域からの考察 ――

築山 秀夫

1 はじめに

　平成の市町村合併からほぼ10年が経ち、地方の現場では、地域課題を解決するために必要なことは、国の政策や市町村のリスケーリングではなく、内発的な取り組みであることに住民たちが気づき始めている。そのようななか、日本創世会議（座長：増田寛也元総務大臣）が中心になり、中央公論誌上に矢継ぎ早に掲載された特集が、日本の地域社会を震撼させることになる。その特集名を追えば、「壊死する地方都市」（2013年12月）、「消滅する市町村523全リスト」（2014年6月）、「すべての町は救えない」（2014年7月）と続く。並行して、同会議は、同年5月「ストップ少子化・地方元気戦略」（以後、増田レポート）を発表、同年8月には消滅可能性都市896のリストを巻末に掲載した増田寛也編『地方消滅』（中公新書）が刊行される。本書がベストセラーとなり、新書大賞を受賞したことがその影響の大きさを物語っており、今では、自治体消滅論というジャンルができるほど人口に膾炙している。この流れに連動して、政府は同年7月に「国土のグランドデザイン2050（以後GD2050）」を発表する。そして、それに対応する政策として、「地方創生」が謳われ、同年11月、「まち・ひと・しごと創生法」が制定され、国の「長期ビジョン」[1]と「総合戦略」が決定さられる。そして、2015年8月には、GD2050後の議論も踏まえて、第2期の国土形成計画が閣議決定される。

　さて、2000年代以降、小泉行政改革による三位一体の改革は、地方向けの各種補助金・公共事業費の大幅削減、地方交付税の見直しなどを断行し、財政的脆弱性を持つ小規模自治体は、持続性を担保できなくなった。そのようなタイミングで「選別され切り捨てられる小規模自治体を、ぎりぎりの位置でシステムへと再統合していくための『救済』策としての側面をもつ」（町村2004：7）市町村合併が断行された。そのようにして課題を先延ばしにされた地域社会は、この3年間、上記のようなショックへの対応を余儀なくされたのである。中澤は2010年に、「この10年ほど、激しく変化する現実を必死に追いかけ続けてきた地域社会学会は、せっかく多くの実証的認識を獲得しながら、それらを十分総括せず、『生煮え』のまま置き去りにする傾向があったことは否めない」と研究委員会から問題を提起したが、翌2011年には東日本大震災、そして、さらなるグローバリゼーションと新自由主義の波に飲まれ、それ以降の5年も、想定することを意図的に避けてきた（柄谷2011：22）より大きな構造変動のなかで、地域社会学会はその現実を捉え続けてることを余儀なくされた。今

期の研究テーマである「国土のグランドデザインと生活圏としての地域社会」は、この間の大きな流れをとらえるために設定されたものである。

本稿ではまず、2014年7月に発表されたGD2050を通して、この間の日本の地域政策のあり方を捉え直したい。そのために、これまでの日本の国土計画・国土開発の変遷の中にGD2050を位置づけ、その連続性と断絶についてとらえる。その上で、そのような政策が地域社会に及ぼす影響について、2005年に長野市に吸収合併された中山間地域である旧大岡村を事例として、分析するものである。

2 「国土のグランドデザイン2050」を通してみた日本の地域政策

2.1 地域政策と全国総合開発計画—国土開発の虚と実—

地域政策をとらえるためにどのような視点が必要となるか。広原は、特殊日本的な政府・国家の地域統治政策の解明をするために、コミュニティ政策を分析する。そして、「政策の本質は政治権力による政治方針の決定であり、その冷厳な行使である」(広原 2011：25)と述べ、日本の都市社会学におけるコミュニティ政策に関する研究は、国家による管理統治政策という政治性・権力性を看過し、「問題の基底に横たわる地域住民の生活困難や経済基盤の崩壊状況が主題とならず、その上部構造ともいうべき地域社会の解体現象にもっぱら焦点が当てられる傾向が続いてきた」(広原 2011：27)と批判する。そして、「『日本型コミュニティ政策』の際立った特徴は、本来自発的なコミュニティ形成の分野においても政府・財界が先導して政策論を展開し、それを上意下達的に自治体や地域住民組織に伝達・教導しようとするところにある」(広原 2011：62)とする。

国家による地域政策が、中立的に市民全体の利益のためになされるということは、幻想に過ぎず、資本主義経済のもとで形成された国家においては、それは、資本家階級の利益のためにあるというのがマルクス主義的な国家観である。一方で、現在、国家をめぐる社会的利益の種類は多様化し、資本家階級のみの利益を一元的に追求するためにあるとする議論は難しい。国家には、多様な利益を追求する主体が併存しており、その主体間の相対的な比重も常に変化する。しかしながら、国家が資本主義経済の発展に何ら関与しないとする議論をするのも同様に難しい。国家は、資本主義社会を成長させ、その果実としての税収により、存在している。社会学は、ウェーバーの言う価値中立性を担保するために、そこに立ち現れた事実を忠実に把握することに努めてきたが、広原が言うように、我々は、国家政策における権力性、支配システムとしての側面をとらえる視点を常に持つ必要がある。

地域社会学会では、縮小社会、リスケーリング、東日本大震災（原発事故）をテーマ化するなかで、否応なく、国家と地域社会との関係について再考せざるを得ない状況が続いている。縮小社会は、日本の総人口の減少というナショナルな水準での議論から始まり、リスケーリング論も、ブレナーが主導したステート・リスケーリングとしての地域政策について、その日本的展開の有り様を議論してきた。一方で、東日本大震災の被災地域では、復興という名のもとにおいて、国家が地域社会を大きく翻弄している。まさに、権力として国家性(statehood)を捉えなおすことが必要になっている。

これまでの日本の国土計画・国土開発とは何であったのか。この間の議論を捉え直そう。中澤は、ステート・リスケーリングという視点から、日本の開発主義について論じる。全国総合開発計画の目標を引用しながら、それを、建前上の力点は、「地域格差の縮小」と読めるが、コノテーションレベルでは、「自然資源の有効な利用および資本、労働、技術等諸資源の適切な地域配分」が強調されている見事な作文であると読み解く。そして、全総以降実施された国土開発は、①国–都道府県–市町村という国家行政の単位を使い、②空間ケインズ主義のような外見をしながら、実際には国土の役割分担という本音を含み、③建前では、国土は均等に発展するべきという幻想を人々に抱かせたとする（中澤2013：11–13）。

　国土計画が本音と建前を使い続けたという議論は、地域開発研究の嚆矢とも言える福武直『地域開発の構想と現実』（1965年）の分析にまで遡及できる。そして、この間、社会学者は、ほぼ一貫して国土開発の現実と虚構について、綿密な調査に基づいてその実像を詳らかにしてきた。蓮見は、当福武グループの第三分冊終章において、地域開発を、国家独占資本主義の資本蓄積の過程としてとらえ、独占の意図を隠蔽している間に、開発が進められ、結果として、地場産業が破壊され、自治体財政が破綻し、住民福祉が後退していくという諸現象が引き起こされることを指摘する。そして、中澤が言う建前と本音の違いについて「地域開発は、独占資本の経営発展をはかるために、国家が地方自治体や民間の物質的精神的な協力をえて、その新工場や工場設備の拡張のための便宜を提供しようとする施策であり、自治体や民間の協力を得ることが容易なように、『地域の発展』『所得格差の是正』といった曖昧なスローガンによってばら色の夢を住民にばらまいているのである」（蓮見1965：234）と分析している。

　地域社会学会25年記念に発行された『キーワード地域社会学』（2000年）においても、「戦後日本の地域開発は、『国土の均衡ある発展』という理念・構想を掲げて進められてきたが、現実は大きくかけ離れたものであった。また、開発過程における中央と地方の関係を見ても、補助金獲得が自己目的化し、中央が計画した事業を地方が誘致・実施する『地域開発』が長い間続いてきた」（横田・田中2000：243）とし、本音と建前を使い分け続けたこと、一方で、開発政策による地域社会の主体性の喪失について述べている。

　また、地域社会学会30周年記念に発行された『地域社会学講座』（2006年）では、日本の地域政策を①戦時地域開発体制期（1931～1945）、②拠点開発期（1946～1969）、③分散開発期（1970～1996）、④都市再生期（1997～現在）に類型化し、分散開発期には、「政府が本格的に均衡ある国土の発展・格差是正を旗印に国土開発を進めた」（吉野2006：16–17）とし、分散立地を進める法律が数多く作られたことなどをとらえ、「政府は本来の自由な資本主義の発展を抑制しかねない政策的な縛りをかけて、なんとかして国土の均衡発展、あるいは、国民生活の格差の解消をめざしていた」（吉野2006：18）と建前だけではなく、現実的にもそのような法的整備がなされたことを指摘した。しかしながら、吉野も、開発政策は結果として、「地方の自立をはばみ、地方の歴史や文化を生かした個性ある産業振興を抑制し、産業の誘致や移転のみに目が向けられ」（吉野2006：18）るものとなったとし、地域の主体性を喪失させる点を指摘している。

　社会学者以外でも、国土開発について、同様の議論が展開されている。例えば、山崎は、「『地

域間格差の是正』、『国土の均衡ある発展』という目標が設定されたことで、国土計画は地方利益実現のための公共事業要求書の様相を呈してきた。ここに国土計画の悲劇がある。その内実が明らかにされない『地域間格差の是正』『国土の均衡ある発展』は、計画の目標たりえない。できるだけ反対者を少なくするための計画のデコレーション（装飾）に過ぎない」（山崎朗 1998：4）と述べている。国民各層に支持される計画を策定するには、デコレーション過多になり、相反するデコレーションが計画を空洞化させてきたと言う。

また、国土開発の研究を専門としてきた本間は、国土計画の功罪について、「この国土計画はわが国の国家社会の幅広い分野において、修復不可能に近い歪みをもたらした」（本間 2005：4）とし、「計画論として一応成功したと言えるのは一全総だけではなかったか」と評し、「一全総において数字では表せないマイナス面を、さらに拡大するばかりであったのが、二全総以降の全総計画ではなかったか」とする。そして、その理由は、「計画の基本目標と、それを実現するための開発方式があまりに乖離していたからにほかならない」（本間 2005：6）と、建前である目標と本音としての開発方式の齟齬について語る。全総が失敗した理由を①計画の非連続性、②官僚が地域実態を十分把握せず、各省庁のプロジェクトをデスクワークで絵に機械的に落としていく作業を実施、③長期的見通しの欠落、④他政策との整合性の欠如（本間 2005：6-7）という四つであるとする。

2.2　全国総合開発計画とGD2050–連続と断絶–

さて、冒頭の中澤の議論に戻ろう。中澤は、本音と建前の齟齬を指摘するだけではなく、それが国土の均衡ある発展ではなく、諸資源の適切な地域配分という箇所に注目する。つまり、国土は均衡に発展しない、格差を伴って当然というだけではなく、適切なあるべき地域配分が一全総当初から考慮されていたというのである。それはフーコーが言うような遡及的再集合化的作業のような気もするが、このあるべき地域的配分が計画の中に明確に示されたのが、他ならぬGD2050とそれまでの全国総合開発計画との断絶の最も大きな点といえるのである。

中澤は、平成の「地方と中央」史を「『均衡ある発展』という建前の崩壊」という副題をつけ、それ以前は、表向きには空間ケインズ主義を標榜していたが、平成という時代において、それが明らかに建前としても崩壊したことを述べる。ニール・ブレナーによる地域政策における支配的レジームの三段階、具体的には、国内のすべての空間に投資し平等に発展させる政策である空間ケインズ主義（Spatial Keynesianism）、内発的発展（Endogenous Development）、特定のスケール（特に大都市圏）だけに投資しそれを成長のエンジンにしようとする都市圏立地政策（Urban Locational Policy）を紹介しながら、「昭和初期から平成にかけての日本では、『空間ケインズ主義』の発想が信じられた時代が長く続いた」（中澤 2012:177）とする。それは、そう信じられた時代であって、現実は「スローガンとして『国土の均衡ある発展』と言いながら、太平洋ベルト地帯に大企業や生産機能を集中立地させて、日本経済のエンジンとし、それ以外の地域は公害やリスクを負担してもらえば良いという経済官庁の本音」（中澤 2012:179–180）があったと指摘する。そして、表日本への選択的集中、裏日本からの人材供給という実態を隠蔽し、「空間ケインズ主義」が貫徹しているかのよう

に偽装するために機能したものが、他ならぬ国土開発であった（中澤2012：180）と総括する。さらに、巧妙に覆い隠されてきた「明治以来の日本政治の裏テーマである日本国内の南北問題」が顕在化し、土建国家という空間ケインズ主義が破綻したのが平成期であったと結論づける（中澤2012：210-212）。

さて、この断続が明らかになった時期はいつだろうか。全総（1962年）、新全総（1969年）、三全総（1977年）、四全総（1987年）という昭和時代の計画はすべて数字で示され、連続性が確認される。法律を変えることができず、さりとて五全総と呼ぶこともできない計画が、1998（平成10）年に「21世紀の国土のグランドデザイン」として閣議決定される。中澤が言うように、昭和と平成では明らかにその断絶を捉えることができる。その断絶とは、まさに国土の均衡ある発展という建前の偽装を捨て去り、国土の不均等性を前提とする思想を前に出すということである。

2000年に地方分権一括法が施行され、2005年に平成の市町村合併、そして、いよいよ国土総合開発法が同年に国土形成計画法に改正され、2008年に国土形成計画が閣議決定される。そこでは、大都市は、高次の都市機能の提供、経済活動や国際交流の拠点となって地域を牽引するとされる一方で、地方の役割は、国土や環境を保全し、人材、食料、水、エネルギーなどを大都市に供給する「多自然居住地域」を前計画から受け継ぐ。名称通りに開発は消え、画一的な資源配分や均衡は、地域の特色や個性という用語に代替されることとなった。その後、2011年に東日本大震災が発生する。そして、GD2050は、第一期国土形成計画後の社会変化を踏まえ、第二期国土形成計画を準備するものとして発表されたのである。

前述の通り、これまでの国土計画は、国土の均衡ある発展を理念・理想（横田・田中2000：243）として、国民生活の格差の解消をめざしていた（吉野2006：18）。一歩譲っても、それは、空間ケインズ主義を貫徹しているかのように偽装するために機能していた（中澤2012：180）と言えるものであった。つまり、その開発方式や結果はともかく、将来予測されるさらなる地域格差や大都市圏への一極集中を回避するために、計画を立案するものであった。しかしながら、GD2050は、地域ごとの将来人口の推計を行い、それを前提として計画が立てられている。表1は、GD2050の参考資料として添付されたものである。これによれば、東京圏は、人口は減少するものの、日本全体における人口比は、今より増加し、東京圏への集中はより進むと予測されている。2010年から2050年までの40年間での人口減少率は、全国平均24.1％減だが、リニア中央新幹線でスーパー・メガリージョンが形成されたことで、三大都市圏では18.8％減とされている。一方、地方圏は三大都市圏よりおよそ10％以上も減少率が高く、29.7％減と予測されている。つまり、GD2050では、将来、現在

表1　GD2050における圏域ごとの将来推計人口

	2010年		2050年	
東京圏	3,560万人	27.8%	2,980万人	30.7%
名古屋圏	1,130万人	8.8%	930万人	9.6%
大阪圏	1,850万人	14.5%	1,400万人	14.4%
三大都市圏計	6,540万人	51.1%	5,310万人	54.7%
地方圏	6,260万人	48.9%	4,400万人	45.3%
合計	12,800万人	100.0%	9,710万人	100.0%

出典：国土交通省国土政策局2014『国土のグランドデザイン2050参考資料』

より更なる不均衡をもたらすと予想される状態を既定の路線とし、謂わばそれを与件として設定し、それに沿うようにグランドデザインを描くという計画で、そういう意味では、これまでの国土計画とは大きな断絶があり、それは、従来からすれば、まさに異次元の世界といえるものであるのだ。

3 国土のグランドデザイン2050を読む

3.1 ショック・ドクトリン－地方消滅と巨大災害：「選択と集中」と国土強靭化－

　GD2050は、次のような衝撃的な表現で始まる。「我が国は、今、2つの大きな危機に直面している。1つは、急速に進む人口減少である。特に人口減少の著しい地方部では、地域が維持できなくなり、消滅する自治体が数多く発生するという指摘がある。もう1つは、巨大災害の切迫である。東日本大震災の発生により、我々は我が国国土の脆弱性を再認識することとなった」そして、「いずれも、対応を誤れば、国家の存亡にもかかわるおそれがある」というものである。指摘というのは、官邸と連携して発表された増田レポートのことである。レポートに添付された増田リストの存在は、消滅可能性と名指しされた市町村に大きなショックを与えたが、GD2050ではさらに1キロメッシュで人口減少を示し、地方消滅を集落レベルまで地図上で可視化してみせた。大惨事が急進的な市場経済化に対する社会の抵抗力を弱め、それに便乗する資本主義をナオミ・クラインはDisaster Capitalismと呼んだ（Naomi Klein 2007）。クラインは、それを次のように捉える。まず、大惨事が急進的な市場経済化に対する社会全体の抵抗力を弱める。次に、人々が混乱して自分を見失った一瞬の隙を突いて、経済的ショック療法が断行され、極端な国家改造を一気に進める。最後に、不人気な経済至上主義が、災害直後を狙って、「これ以外に選択肢はない」として、一気に断行される。岡田は、「消滅する市町村」等の危機感を煽る、増田レポートを巡る言葉遣いをさしながら、ショック・ドクトリンという概念を使っている（岡田2014:5-6）。山下も、「国民の間に『諦め』を誘発し、この国を何らかの方向に動かすためにこの『人口減少ショック』を使おうとしている人々があるのなら、それはもっとも恥ずべきことと言わねばならない」と指摘する（山下2014：20-21）。人々に衝撃を与え、混乱している間にできる限り早いうちに、処方箋はひとつしかないと経済至上主義を断行し、既成事実化する。クラインのショック・ドクトリンという概念は、GD2050の特徴をあまりにも明確に捉えていると言えるだろう。

　これら二つのショックに対して、GD2050ではまさにネオリベラリズム的処方箋が用意されている。それは、人口減少・地方消滅に対しては、他ならぬ「選択と集中」であり、その下位概念としてのコンパクトシティである。GD2050のはしがきには、「選択と集中を進める必要があることはもちろんであるが」とそれが国民的議論など必要のない（これ以外に選択肢のない）自明のものとされている。これまで全国一律に公共投資をしてきた非効率性（国家にとっての）を回避するために、明確に投資する地域とそうでない地域を選択する。大都市圏域は、三大都市圏をリニア中央新幹線で結ぶ世界最大のスーパー・メガリージョンとなり、国家存亡をかけてここに集中投資を行う。そして、地方圏域には、人口のダムと言われる60〜70程度の高次地方都市連合、具体的には61箇所の地方中枢拠点都市[2]、それをさ

らに連携地方中枢都市として広域化し、その中核となる都市に重点的に投資をする[3]。それ以外の地域については、約5,000ヶ所の「小さな拠点」の形成が謳われるが、これまでのようなバラマキ型投資からは撤退する。

　一方で、巨大災害に対しては、3.11以降、自由民主党が野党時代に、民主党の「コンクリートから人へ」に対応する論理として出した「国土強靭化」である。それは、アベノミクスの三本の矢の一つである財政出動（10年間で200兆円）に対応している。首都直下型や南海トラフ地震発生の危機を梃子にして復活した国土強靭化は、東日本大震災の復興事業に見られる大規模な公共事業に典型的にみられるもので、それらは被災者や地域住民には全く届いていないどころか、地域社会を解体に導いている。被災地では、大手のゼネコンやコンサルタント会社が主導して、地域復興・創造復興の名のもとで、元通りに復旧させるのではなく、これを契機に一気にコンパクトシティ化を推し進め、地域を整理縮小して、都市部に集中させることで効率的な投資を進める方向に進められている。人口減少を与件として、コンサルティング会社が合理的なプランを策定するならば、それはある人口密度以下のコミュニティの停止、再編とならざるを得ない。このような被災地で実施されたコンパクトシティ化と地域の整理縮小をモデルケースとして、それを日本全国の地域社会に展開しようとするのが、GD2050である。国家の生き残り策としてのスーパー・メガリージョンへの集中投資、「選択と集中」論にみられるように、GD2050は国家そのものの生き残り戦略として捉えられる。それは、離島地域を振興するべき条件不利地としてではなく、「現代の防人」として位置づけているところからもわかる。

　舩橋は、社会問題群や政策的課題群の解明に対して、「経営システムと支配システムの両義性」を捉えることの重要性を説いた。組織や社会制御システムを、経営システムとして把握するということは、自己存続のために必要な経営課題群をいかに制御しているのかという視点で捉えることであり、支配システムとして把握するということは、意思決定権の分配と正負の財の分配において、どのような不平等な構造があり、それをいかなる原理で制御しているかという視点で捉えることである（舩橋2010）。「選択と集中」という言葉は、経営システムの効率性を最大にするためのものであり、「棄民・辺境」という言葉は支配システムの側面でみえてくる。選択と集中が前提として措定されるGD2050には、地域に意思決定は存在しない。地方創生も、競争的資金を割り当てるのは政府であり、新自由主義的経営システムに同調的な政策のみが選択され、地方の構造改革がさらに進展する結果を生み、衰退が進めば、地方の自己責任とされる。つまり、「国益づものさは〈勘定〉はあっとも〈感情〉はねえわけだべな」という『吉里吉里人』の古老の語りそのもののような状況なのである（井上1981：88）。

3.2　低人口密度地域の解消策としての市町村合併およびコンパクトシティ化

　政府の財政破綻をいかにして回避するか。福祉国家の危機以降の課題であり続けた小さな政府・国家へのスリムダウンをいかなる形でいつ舵を切るか。そのタイミングが計られていた。巨大災害に加え、既存問題としての人口減少を市町村レベルで可視化・問題化することで、社会的緊張を作り出し、低人口密度地域の整理を一気に進めようとするのがGD2050で

あると言える。

　前史として、平成の市町村合併では地方自治体の半分が消滅した（1999年3月末：3,232→2010年3月末：1,727と約2分の1の1,505の自治体が消滅）。選択と集中、そして、具体的な「コンパクト＋ネットワーク」に向かう前に強行された平成の市町村合併は、町村が言うように、「地方圏の中でもとりわけ深刻な財政危機に瀕した『周辺』地域を、相対的に規模の大きな近隣の地方都市へと機械的に組み入れる試みとしての性格を強く有していた」（町村 2013：57）のである。

　実際に、自治体は半減したが、予算が削減されたのは、首長や議員、公務員の人件費の削減だけであり、住民が偏在したままでは経営システムのコスト縮減は難しく、むしろ現状では合併促進の飴による悪化が進行している。日本政策投資銀行地域企画部の分析を手がかりに、市町村合併による財政悪化の現状についてみてみよう。合併団体は、未合併団体と比較して人口一人当たりの普通建設事業費が高水準で推移しており、地方債残高においても、未合併団体が、残高の抑制を進めているのに対して、合併団体は横ばいか増加傾向にある。さらに、人口一人当たりの公共施設保有量も、合併団体の延床面積は、未合併団体を上回る。合併特例債は、新しいまちづくりのために、創設当初は合併後10年間、東日本大震災以降は、被災地で20年間、被災地以外では15年間の発行が認められた。元利償還金の7割が交付税措置されるということで、自治体側は、最後の大規模な公共投資の機会として、市町村合併の大きなインセンティブとなった。その発行残高は、2001年度末に90億円であったものが、2011年度末には、3兆8,211億円にまで達した。3割が自治体負担となる特例債が今後自治体へ与える負担は大きい。

　さらに、市町村合併を促進するために、合併後一定期間（2005年までの合併で10年、2009年度以降に合併した場合は5年）は合併前の旧市町村ごとに算定される額の合算額を下回らないように交付税が算定される合併算定替えがなされたが、総務省によれば、全国の合併算定替えによる普通交付税の増加額は、2012年度当初算定ベースで9,304億円と普通交付税総額16兆4,073億円の5.7％を占めている。合併算定替えによる交付税の増加額及び割増率は小規模団体において大きく、例えば、新潟県佐渡市においては、経常一般財源に占める合併算定替え増加額の割合が20.9％と2割を超えている。2004年2005年に駆け込み合併を実施した市町村は、2014年2015年から段階的な削減が開始されており、今後、財政運営が厳しくなると予想される。一方で、旧市町村にあった公共施設はそのまま新市町村に引き継がれ、機能が重複する施設を複数保有することとなっており、維持費が負担になり、財源不足が一層深刻化すると思われる（日本政策投資銀行地域企画部 2013：9-22）。

　財政的な効率性を担保するには、制度的なコミュニティ再編を超え、その上で物理的なコミュニティ再編を断行してコンパクトシティ化する必要があるとされる。まさに、コンパクト・シティ化は、低人口密度地域を整理、人口を集中させ、必要経費を縮小化（逆を言えば、非居住地域をできる限り拡大＝地方消滅を最大化）することがねらいである。そのために、増田リストというショックは不可欠であった。

⑴人口誘導策としての公共施設マネジメント

人口が減少しても、居住空間が全国的に広い範囲に拡散していると、収入は減少するのに、公共サービスのコストパフォーマンスは悪くなり、歳出は思うように減らない。国家として、財政難を解消するためには、人口の集積がどうしても必要になる。何らの規制や誘導もせず、人口が無人化するのは難しく、積極的な誘導が必要になる。その一つが「公共施設マネジメント」である。「公共施設マネジメント」は、公共施設を適切に維持・更新するための取り組みであり、経営的な視点から、公共施設を総合的に企画・管理・活用・処分するものである。人口希薄地域の公共施設を段階的に除却することで、それは、結果として、地域人口の誘導を促進することになる。

　従来、地方債は、建設公債原則の下、公共施設等の解体撤去に充当する経費については、一部の例外を除き、解体費用のみには充当することはできず、建て替えの場合など建設事業と一体と捕らえることができる費用のみ建設費の一部として対象とされていた。そのため、自治体は、老朽化施設等の廃止を単独で決定した場合は、一般財源から解体撤去費用を調達する必要があり、それができない場合、長期間の放置となり地域環境の悪化につながっていた。そのようななか、GD2050と連動するように、国は2014年に、公共施設等の解体除去に関する地方債を地方債計画に掲げた。交付税措置はないが、公共施設等の除却についての経費の75％を地方債で充当できることになった（総務省自治財政局地方債課 2015：9）。そのことで、これまで事実上、建て替えのみに可能であった起債が、除却のみでも可能になったのである。

　人口誘導に最も効果的な公共施設マネジメントは、学校施設の除却である。『廃校施設活用状況実態調査』によれば、2002年度から2013年度の間に廃校となった小学校は3,788校、中学校1,089校、高校924校で合計5,801校である。そのうち、施設が現存しているのは、5,100校で既に701校が解体されている。廃校された学校のうち7割は何らかの活用がされているが、3割は活用予定もなく、取り壊しを待っている。地域社会にとっての学校は、人口を維持するために必要不可欠の公共施設である。地域から学校がなくなるということは、子供や孫たちがUターンする可能性を閉ざすものであり、Iターン者の社会移動の可能性も消えてしまうことになる。さらに、中山間地域においては、学校は大半の地域住民の母校であり、地域活動も学区単位で行われることが多く、まさにコミュニティの核となっている。

　GD2050と連動して、文部科学省は、2015年1月に、小中学校の統廃合の検討を促すための手引「公立小学校・中学校の適正規模・適正配置等に関する手引」を、約60年ぶりに策定した[4]。同手引きにおいても、GD2050と同様に、その冒頭で、我が国の人口減少予測と年少人口について触れ、「年少（0～14歳）人口についても、1980年代初めの2,700万人規模から減少を続けており、2015年に1,500万人台に減少し、2046年には1,000万人台を割り込み、2060年にはおよそ791万人となることが推計されています。これらの背景の下、小・中学校が過度に小規模化したり教育条件への影響が出たりすることが懸念されています。」（文部科学省 2015：1）というショックから始まっているのである。そして、小規模校は教育上の課題が極めて大きいとされ、速やかな学校統廃合の必要性が謳われているのである。かつての学校統廃合を巡って起きた同盟休校や町長リコールなどの地域紛争などが念頭にあるのだろう。手引きの中では、学校には地域コミュニティの核としての性格もあるので、行

政がそれを一方的に進めるつもりはなく、あくまでも学校教育の直接の受益者である児童生徒の保護者や将来の受益者である就学前の子供の保護者の声を重視しつつ、主体的に検討されることが求められる。つまり、その地域の自主判断に任せるという書き方がされている（文部科学省 2015：3）。一方で、通学距離については、公立小・中学校の施設費の国庫負担対象となる学校統合の条件に定めているところから、これまで小学校で約 4 ｋｍ以内、中学校で約 6 ｋｍ以内という基準で捉えてきたが、実際にはスクールバス等を活用する事例もあることから、新たに通学距離を通学時間約 1 時間以内とすることが適当であるという目安を提示している（文部科学省 2015：16）。今後、農村部、特に中山間地域に多い、小・中学校の適正規模とされる一学年一学級以下の小規模な学校は、加速度的に統廃合される可能性が高くなった。

⑵ 人口誘導策としての立地適正化

GD2050 が発表される同年 2 月に、都市再生特別措置法が改正された。国土交通省の『「都市再生特別措置法」に基づく立地適正化計画概要パンフレット』の表紙には、「みんなで進める、コンパクトなまちづくり～いつまでも暮らしやすいまちへ～　コンパクトシティ・プラス・ネットワーク」というタイトルが冠されている。そこには、法改正の背景として、「我が国の都市における今後のまちづくりは、人口の急激な減少と高齢化を背景として、高齢者や子育て世代にとって、安心できる健康で快適な生活環境を実現すること、財政面及び経済面において持続可能な都市経営を可能とすることが、大きな課題です。こうした中、医療・福祉施設、商業施設や住居等がまとまって立地し、高齢者をはじめとする住民が公共交通によりこれらの生活利便施設等にアクセスできるなど、福祉や交通なども含めて都市全体の構造を見直し、『コンパクトシティ・プラス・ネットワーク』の考えで進めていくことが重要です。」とある。改正内容は、市町村が、都市再生基本方針に基づき、住宅及び都市機能増進施設（医療施設、福祉施設、商業施設その他の都市の居住者の共同の福祉又は利便のため必要な施設であって、都市機能の増進に著しく寄与するもの）の立地の適正化を図るため、立地適正化計画を作成することができることと、そのために、都市機能誘導区域と居住誘導区域を設定することなどである。立地適正化計画の目的は、「高齢者や子育て世代にとって安心、健康な生活環境の実現」、「財政・経済面での持続可能な都市経営の確保」、「環境・エネルギー負荷の軽減」、「自然災害の事前予防の推進」（都市計画法制研究会 2014）の四点が挙げられている。

ここで、コンパクトシティの像を現実に落としたデータが参照される。それは DID 面積であり、ヘクタール 40 人以上の密度地区の減少とさらなる密度上昇がコンパクトシティの現実なのである。それぞれの目的について、検討してみると、地域福祉の実現は、DID 地区では、既に効率的な運営が可能となっており、それをさらに集中させる意味合いは薄い。地域福祉において問題となるのは、DID 地区や、コンパクトシティにおいて誘導地域に選択されない中山間集落などのコンパクト化が不可能な地域である。コンパクトシティに予算を集中投資することは、結局、周辺地域からの財政的撤退＝公的サービスの縮減と繋がることになろう。財政・経済面での持続可能性についても、DID 地区内のインフラ以上に財政

悪化に負荷をかけているのは、周辺地域のインフラである。DID地域に人口誘導したことで、インフラの維持管理コストが軽減することはない。また、環境・エネルギー負荷や自然災害の事前予防についても、DID地区への誘導が何らかの方策になる根拠はないのである。都市政策は、DID地域についてのみ議論するのではなく、周辺の中山間地域も含めた全域を対象とした総合的対策が不可欠であろうが、立地適正化計画においては、その視点がなく、意図せざる結果として、周辺地域の衰退を招いてしまう。立地適正化を行うのであれば、同時にいわゆるネットワーク、具体的には、コンパクトシティと周辺部を結ぶ地域公共交通を導入する必要がある。むしろ、ネットワークさえできれば、自然な人口移動がそれなりのスパンで可能になると思われる。しかしながら、周辺部にまで公共交通のハード整備をすることは難しく、その場合も、自動車を用いたコミュニティバス、デマンドバス、あるいは多様な主体によるコミュニティタクシーなどの整備となるだろう。このような整備がなされず、コンパクトシティに向けた立地適正化による居住誘導は、より一層の地域社会の歪みを増幅することになりかねない。

4 中山間地域の現状からGD2050を問う
－「小さな拠点」モデル集落と同規模の旧大岡村を事例に－

それでは、この間の国家による地域政策がいかなる影響を地域社会に与えたのかについて、国家が誘導した市町村合併を選択し、2005年に長野市に吸収合併された旧大岡村を事例にとらえることとしたい。調査対象地域は、長野県北部に位置し、長野市の南西へ車で約1時間強にある中山間地域であり、2015年3月現在で、550世帯、人口1,090人、59の集落が存在し、1集落当たり平均9.3世帯18.5人と小さな集落が多い[5]。

GD2050では、国土の細胞として、「集落が散在する地域において、商店、診療所など日常生活に不可欠な施設や地域活動を行う場を、歩いて動ける範囲に集め、周辺地域とネットワークでつないだ『小さな拠点』を形成する」（国土交通省2014：19）といい、全国で5,000ヶ所を想定している。旧大岡村は、2005年に合併するまでは村であり、旧村役場は現在、支所として機能している。小さな拠点の議論の中で、GD2050は人口1,000人の集落を山間地モデル集落としている[6]。人口規模からすれば、旧大岡村は、モデル集落と同じ規模である。

4.1 市町村合併による地域社会の変動－合併過疎、急激な少子高齢化・限界集落化－

市町村合併は、人口減少を抑制するどころか、加速化した。合併前夜の2000年から合併の2005年を経て10年、人口は1,544人から1,090人へと3割減少した。人口の高齢化が進み、旧村全体で、老年人口が半数以上となり、限界集落化した。一方で、合併前5年平均で年7.6人の子供が誕生していたが、合併後6年平均で2.5人となり、3分の1となった。合併前の2000年に国立社会保障・人口問題研究所は、2030年の大岡村の幼年人口を三区分し、0～4歳は19人、5～9歳は23人、10～14歳は29人と推計したが、市町村合併10年の2015年4月1日現在では、それぞれ0～4歳は8人、5～9歳は14人、10～14歳は25人と15年も早く、その推計を大幅に下回る結果となった。

どうして、このような地方消滅のスピードを加速化するような事態が起きたのか。それは、市町村合併によって、周辺化したことで、事実上の選択されない地域社会となったからに他ならない。合併前は、過疎地域故の低廉で質の高いサービスが実施されていたが、合併後、地方都市なみの水準に同一化された。旧村が単独で実施してきた所謂「上乗せ、横出し」の手厚い政策がことごとく廃止された。例えば、公営住宅の管理は、村から市へそして、指定管理者の県住宅供給公社に移動し、Ｉターン者を呼び込むための政策から、遊休施設を適切に管理することへ事実上、事業転換される。保育園料金は、3年間の段階的引き上げ後、合併前の2倍となる。他にも、入村・Ｕターン奨励事業の廃止、農業後継者結婚相談事業の事実上の廃止、山村留学受け入れ世帯への里親奨励事業の廃止、高校生通学費助成・通学奨励金廃止などの人口還流促進政策はそのほとんどが廃止された。

その結果は、直ちに、児童・保育園児数の減少に現れ、合併年に35人いた保育園児は、2014年には0となり、休園となった。小学生は、合併年の2005年に57人いたが、たった10年で27人（そのうち7人は山村留学生[7]で、地元の児童は20人のみ）となり、中学生は、合併年37人が2015年に21人（うち7人は山村留学生で、地元の生徒は14人のみ）とほぼ半減した。前述のように、合併後子供が生まれなくなり、2015年の小学校の入学式は開校以来初めて開催されなかった。

人口の高齢化は、中山間地域の農業にも大きな影響を与えた。中山間地域等支払制度の利用が、高齢化で不可能になり、第1期（2000〜2004年）には32地区（加入農家数496）の集落営農があったが、第2期（2005〜2009年）に28地区（加入農家数384）、第3期（2010〜2014）は20地区（加入農家数256）となり、ついに、第4期（2015〜2019年）には14地区（加入農家数159）となった。また、この間、協定対象農地面積も第一期162.5ha、第二期149.2ha、第三期99.6ha、第四期は57.3haと、合併以降で62％減となり、集落営農から脱退した農地は集落内外で引く受けられることなく放棄されることにつながっていく。

住民の意見をボトムアップで、遠くなる役所に届ける期待を持って、設立された地域審議会は、新自由主義的な行政改革を断行するための組織と化し、旧村時代の不採算事業を一気に廃止・縮小した。村営で運行されていた地域の生命線と言えるバス路線の廃止・縮減（4路線→1路線）、村唯一の観光資源であるスキー場の廃止、雪下ろし・除雪などの生活援助サービスの廃止などが、市行政改革審議会提言、財政構造改革懇話会提言、市行政改革推進審議会報告資料などをもとに、旧村及び現地域の役職代表で構成された地域審議会に承認を余儀なくさせながら、断行された。村時代では、観光振興の目玉、生活支援の中心に位置づけられていた諸政策が合併後ほぼ3年も経たずして、いとも簡単に廃止されることになり、地域のライフラインの多くが絶たれることとなった。この地域では、Ｉターン者を中心とした合併反対運動が展開されたが、反対住民が予想した以上の水準で、合併のマイナス効果はこの地域を席巻することとなった（築山 2013：158-173、175-178）。

4.2　市町村合併の嵐のあと －合併過疎に抗う地域社会－

前述のような市町村合併の嵐のあと、この地域では新しい住民の動きが出てきている。村時代の定住促進策の成果として、この地域にはＩターン者が定着してきていた。大岡地区住

民自治協議会まちづくり委員会の調査（2012年10月）によれば、回収率62.4％で、49世帯115人、そこから類推し、約80世帯約180人、区に未加入の50世帯を含めて、約130世帯、住民の約2割を占めることがわかった。Iターン者の高齢化率は、23.5％と大岡全体の半分以下、若い世代で未成年の子供たちもいる。そのようなIターン者が村時代の6つの公共施設のうち3つの指定管理者となっている。彼らは創意工夫をすることで、大岡と外部を積極的に結ぶような努力をしている。アルプス展望公園でカフェを経営するH氏は、天然酵母のパンや自家菜園で取れた無農薬野菜を使った料理を提供し、音楽評論家のピーター・バラカン氏のDJライブを開催し、都市住民を中山間地に呼び込む。田舎暮らしに興味を持ってもらうために、古民家民泊、満天の星ツアー、朝ごはんミーティングを開催する。地域通貨を使って、ボランティアを回転させ、指定管理の仕事も細分化することで雇用者数を増やすワークシェアリングを実践している。贈与経済、リサイクルやシェアをベースに、ダウンシフトした半農半X的な生活実践など、ここがフロンティアだと思えるような新しい価値が生まれている。

　一方で、村を二分するような激しい市町村合併の後、合併から数年が経過し、合併の結果として、予想以上のペースで地域社会が変容していく姿を見て、合併推進派も反対派の主張通りの現実を受け止め、自らの主張が間違いだったと表明する人たちも出るなかで、反対したIターン者たちが徐々に地域の役職に就くことになった。2012年度には住民自治協議会の4つある部会の3つの部会長にIターン者が就き、合併反対の中心人物であるIターン者のY氏が、2013年度の地元区長に就任した。地元出身者が中心に役員が選出されてきた住民自治協議会にも、Iターン者たちが参画するようになり、それまでは、旧村時代の定住促進策による客体であったIターン者が地域の政治に関わる主体に変容してきている（築山 2013：178-187）。

5　おわりに　私有化されるコモンズと抗う住民たち

　この地域は、GD2050においては、選択されない地域の典型である。コンパクトシティに集中的に投資が行われる中で、その政策を実施する財源を捻出するための効率化、市場化の嵐が、中山間地にも大きな影響を与えている。合併前に村有地であった土地は、市有地に編入された。合併後5年が経った2010年に、旧大岡村中牧分校跡地が競売にかけられていることを地域の人々が知る。分校跡正門の石柱を移動するという市からの申し出があり、不審に思った地域住民が問い質したところ、土地を競売にかけるための整地のためのトラックを通す必要があったことが判明したのである。中牧分校は明治7年に開校、昭和31年9月、大岡村が牧郷村の一部と合併したことで、牧郷小学校中牧分校は大岡村小学校中牧分校となった。その後、昭和49年に開校百周年を迎え、昭和51年に廃校（廃校時児童数49人）となる。この分校の土地は、学校建設時、地域住民が無償で私有地や、集落の共有地を提供したものであった。分校が閉校、解体された後も、集落の人々は、学校跡地、母校の跡地であるこの場所を、中牧神社の御柱祭り等で利用してきた。

　長野市は、平成21年度に公有財産に係る事務執行について、包括外部監査を実施した。

◆特集 「復興」と「地方消滅」：地域社会の現場から

報告書によれば、「2005年1月1日の1町3村の編入合併において公有財産が増加していることに加え、2010年1月1日に1町1村の編入合併も行われており、今後ますます施設の維持修繕費が増加すると思われる。限られた財源の中で、必要な修繕を行い施設を安全快適に維持していくためには、遊休財産の洗い出しによる売却促進や有効活用の促進、公共施設の見直し（民間譲渡や廃止を含む）について検討していくことが必要である」とし、また、総務省の「地方公共団体における行政改革の更なる推進のための指針」(2006年8月)により、未利用財産の売却促進や資産の有効活用等を内容とする要請がある旨も述べられている。そのような国家政策と連動し、旧村の未利用財産などが中心的に調査されたのである。監査人は、この土地を未利用として、処分するべきであると判断したのである。

　住民たちは驚いた。合併前に村の職員が村民に断りなく同様の対応をすれば、その職員は村には住んでいられないだろう。住民たちは合併の意味を理解した。地域の歴史や地域の人々の思いを知らない人が地域をメッシュで刻み、どこでも同じ均質の空間としてマネジメントしているのである。そこに都市計画上の空間（space）はあっても人々の記憶が沈殿した場所（place）はないのである。この中牧地区は、昭和の大合併以前は、大岡村ではなく、旧牧郷村であった。それが、昭和31年に、更級郡大岡村中牧と上水内郡信州新町中牧に分村されたのである。そして、平成の大合併により、まず大岡村が長野市に合併し、その後、信州新町が長野市に合併する。そうして、長い間、分村していた二つの地域が昭和の合併以来再び、平成に一つの自治体のコミュニティとして、復活した矢先の出来事であった。住民たちは、母校跡地を守るために、旧大岡村中牧地区住民と旧信州新町中牧地区住民が団結し、2011年度の約1年間、長野市との粘り強い交渉の末、公園として利用することを条件に、運動場部分以外の校舎跡地を集落に無償譲渡することを勝ち取った。住民たちは、復活のシンボルとして、学校跡地に公園を作るために、長野県の「地域発元気づくり支援金」を2012年～2014年の3年間、獲得し、記念公園を無事完成させた。

　実は、この土地以外でも、コモンズが市場に乗せられ、私有化していく実態があり、筆者は地域の方々と一緒にその現場を歩いた。誰の所有かも分からない古くからの石碑が旧村有地（現市有地）に立てられており、その所有者と土地の貸借関係を結ぼうとする行政に対して、住民は「よくもそんな細かなところまで調べ上げたものだ。もっと他にやることがあるだろうに」と嘆く。合併以降、その土地の出自を知る層が高齢化する中で、コモンズの市場化は起き、共同体的紐帯のシンボルが喪失していく。現在は、何とかそれに抗う地域住民がいる。本稿冒頭に、住民が気づき始めていると書いたのは、このような住民の動きのことである。

　住民たちが現在、一番危惧しているのが、学校の統廃合問題である。前述のように、市町村合併以降、凄まじい勢いで、児童・生徒数が激減している。これを文科省の手引きに従って、統廃合されたら、人口流入がなくなるどころか、この地域で子育てができなくなる。子供たちのUターンが完全に閉ざされるのである。住民たちは、それに抗うためにも、コミュニティスクールの勉強会を開き、小中一貫校となった地域を調査するなどして、小中学校をいかに守るかに動いている。しかも、この住民たちの中心にいるのは地元出身者ではなく、この地域を選択したIターンの住民たちなのである。彼らには保育園を守ることができなかった無念がある。保育園が閉園したことで、新たなIターンを呼ぶ条件の一つを失ってしま

ったからである。若林は、「地域のシンボルとしての学校に対する人々の感情は強く、廃校は建物が消えるという以上に、目に見えない心理的な影響を住民に与える。子どもの教育さえできなくなった。もう何をやってもだめだ−あきらめの気持ちから地域から流出し去る人が増える、過疎化の悪循環が生じてきた。むしろ地域住民の共有財産としての学校の重みを見直し、コミュニティ再生の核に位置づけること、それが嵐のような統廃合紛争の歴史からくみとる教訓であると考える」という（若林2012：512）。選択と集中→コンパクトシティ→学校統廃合→公共施設マネジメントによる校舎除却→地方消滅という予言が自己成就しないように、来るIターン者がこの地域を積極的に選択してくれるように、住民たちは、地域を超えて連帯し始めている。

　さいごに、社会学者の役割について先達の言葉を引用しながら、再考したい。ブルデューは、『ル・モンド・ディマンシュ』紙におけるディディエ・エリボンとの対話のなかで「社会学者の野心は、現在のなかから現在を支配している法則を浮き彫りにすることによって、その法則から自由になることです。」と述べている（ブルデュー1991：90）。ブルデューは現在を知ることで、現在から自由になるとする。本稿では、国家政策と地域社会の現状を捉えることで、そこから自由になり、その構造を止揚することをめざした。東日本大震災・原発事故から5年を経て、未だ問題は拡大し、被災地以外の地域社会でも見えなかった新たな問題が可視化してきている。社会学者が社会的なるものの再考を余儀なくされているのだと思われる。

注
(1) このビジョンは、日本の人口の現状と将来の姿を示し、人口問題に関する国民の認識の共有を目指すとともに今後、取り組むべき将来の方向性を提示するものとしている。
(2) ①地方圏の指定都市、新中核市（人口20万人以上）、②中夜間人口比率おおむね1以上を満たす圏域で、現時点で該当しているのが全国61都市圏である（総務省自治行政局市町村課2015：1）。
(3) その先には、地方財政の更なる効率化をめざしたリスケーリングとしての道州制が企図されている。
(4) 先の手引きは、昭和の大合併後の1957年7月に作られ、若林は、戦後日本の公立小・中学校の統廃合政策を三段階に分け、第一弾を昭和の市町村合併政策を契機とした地域再編政策のもとに出発したとし、その際に、この文部省の「学校統合のてびき」の作成が引き金となったとしている（若林2012：497）。
(5) 「国土形成計画策定のための集落の状況に関する調査」（2007年）によれば、日本の過疎地域における一集落あたりの平均人口は152.2人で、世帯数は57.1世帯である。過疎地域平均と比べても、その規模の小ささが理解できる。
(6) GD2050が小さな拠点として、措定している人口1,000人以上の集落というは、過疎地域の集落の中で、1.1%（522）しかなく、人口を200人以上の集落としても、全体の20.3%（9,647）しかなく、そのほとんどが200人もいない集落なのである（国土交通省国土計画局総合計画課2007：68-70）。
(7) 全国的に見ると、この山村留学生も減少傾向にある。1976年に長野県八坂村（現大町市）で日本初の山村留学が実施され、平成の市町村合併のピークであった2005年前年2004年の860

名(受け入れ校数158校)をピークに減少に転じ、2013年には557名(受け入れ校数100校)となった(全国山村留学協会 2014:7-8)。ここにおいても、市町村合併による旧村の人口定住政策廃止の現状をみることができる。

参考文献

Bourdieu, Pierre, 1980, *Questions de sociologie*, Paris: Les Éditions de Minuit. Paris, 2eme ed. (=1991, 田原音和・安田尚・佐藤康行・小松田儀貞・水島和則・加藤眞義訳『社会学の社会学』藤原書店.)
舩橋晴俊, 2010, 『組織の存立構造論と両義性論——社会学理論の重層的探求』東信堂.
蓮見音彦, 1965, 「地域開発の虚構と現実」福武直編『地域開発の構想と現実 Ⅲ』東京大学出版会, pp.205-263.
広原盛明, 2011, 『日本型コミュニティ政策——東京・横浜・武蔵野の経験』晃洋書房.
柄谷行人, 2011, 「地震と日本」『現代思想』2011年5月号, pp.22-25.
本間義人, 2005, 「全総計画と戦後の国家社会——計画論としてのバランスシート」東京市政調査会『都市問題』第96巻第7号, pp.4-9.
井上ひさし, 1989, 『吉里吉里人』新潮社.
国土交通省国土計画局総合計画課, 2007, 『国土形成計画策定のための集落の状況に関する調査報告書』.
国土交通省, 2014, 『国土のグランドデザイン2050〜対流促進型国土の形成〜』.
町村敬志, 2013, 「『未発』の国家リスケーリング?」『地域社会学年報』第25集, ハーベスト社, pp.49-60.
町村敬志, 2004, 「『平成の大合併』の地域的背景」地域社会学会編『地域社会学年報』第16集, pp.1-22.
文部科学省大臣官房文教施設企画部施設助成課振興地域係, 2014, 『廃校施設活用状況実態調査』(http://www.mext.go.jp/b_menu/houdou/26/11/1353354.htm.)
文部科学省, 2015, 『公立小学校・中学校の適正規模・適正配置等に関する手引き〜少子化に対応した活力ある学校づくりに向けて〜』.
中澤秀雄, 2012, 「地方と中央——『均衡ある発展』という建前の崩壊」小熊英二編著『平成史』河出書房新社, pp.170-216.
中澤秀雄, 2013, 「平成リスケーリングを問う意味——戦後史における国家性リスケールと地域主体」地域社会学会編『地域社会学会年報』第25集, pp.5-22.
Naomi Klein, 2007, *The Shock Doctrine: the Rise of Disaster Capitalism*, Metropolitan Books. (=2011, 幾島幸子・村上由見子訳『ショック・ドクトリン——惨事便乗型資本主義の正体を暴く』上下巻, 岩波書店.)
日本政策投資銀行地域企画部, 2013, 『合併市町村が直面する財政上の課題——失われる交付税9千億円、迫り来る公共施設老朽化』.
農林水産省大臣官房統計部, 2015, 『2015年農林業センサス結果の概要(概数値)』(http://www.maff.go.jp/j/tokei/census/afc/2015/pdf/census_20151127.pdf.)
岡田知弘, 2014, 『「自治体消滅」論を超えて』自治体研究社.
総務省自治行政局市町村課, 2015, 『連携中枢都市圏構想の推進』.
総務省自治財政局地方債課, 2015, 『平成27年度地方債計画』.
築山秀夫, 2013, 「市町村合併と農山村の変動——長野県旧大岡村を事例として」佐藤康行編『検証・平成の大合併と農山村』農山漁村文化協会, pp.155-195.
都市計画法制研究会, 2014, 『コンパクトシティ実現のための都市計画制度 平成26年改正都市再生

法・都市計画法の解説』ぎょうせい.
若林敬子, 2012, 『増補版 学校統廃合の社会学的研究』御茶の水書房.
山下祐介, 2014, 『地方消滅の罠——「増田レポート」と人口減少社会の正体』筑摩書房.
山崎朗, 1998, 『日本の国土計画と地域開発——ハイ・モビリティ対応の経済発展と空間構造』東京経済新報社.
横田尚俊・田中重好, 2000, 「総説・開発と福祉」地域社会学会編『キーワード地域社会学』ハーベスト社, pp.240-243.
吉野英岐, 2006, 「戦後日本の地域政策」岩崎他監『地域社会の政策とガバナンス』(地域社会学講座3) 東信堂, pp.5-22.
全国山村留学協会, 2014, 『平成25年版 全国の山村留学実態調査報告書』全国山村留学協会.

◆特集 「復興」と「地方消滅」：地域社会の現場から

「美しい郷土」をめぐって
――岩手県陸前高田市沿岸部における開発と復興にかかわる断片――

友澤　悠季

1　はじめに

　岩手県陸前高田市は、2011年3月11日14時46分に発生した東北地方太平洋沖地震により、沿岸部を大津波に襲われ、岩手県下の自治体中、最も多くの人を亡くしたまちである。震災以前は、岩手県外で「陸前高田」の地名を耳にする機会はそう多くなかったと思う。だが、津波がひいたあとの市沿岸部の空撮映像と、総務省消防庁の発表における「ほぼ壊滅状態」という表現の衝撃は大きく、以降、東日本大震災の被災地として、テレビ中継などで頻繁に取り上げられる場所の一つになった。

　いっぽうでこのまちは、地域社会学会第40回大会シンポジウムで問われた〈従来の国土開発計画と「3.11」後に提示されたグランドデザインとの連続と断絶〉との観点に照らすとき、他の自治体同様、戦後「開発」をめぐる議論に揺れ続けてきた地域でもある。

　本稿表題に借りた「美しい郷土」とは、1972〜73年にかけて、陸前高田市民有志の手で発行されたミニコミの名前である。発行主体は「広田湾埋め立て開発に反対する会」（会長：河野通義）で、1号には会発足に際しての決議が、次のように集約されている――「一、美しい郷土を守ろう。一、反対漁民を支援しよう。一、埋め立て計画をやめさせよう」（広田湾埋め立て開発に反対する会 1972：2）。「広田湾」とは、岩手県最南端の半島・広田半島と、宮城県最北端の半島・唐桑半島とに囲まれた湾のことである。陸前高田市は1955年の市制施行以来、8つの町で構成され、うち5町（西から時計回りに気仙町、高田町、米崎町、小友町、広田町）がこの広田湾を囲むように位置している。政府が新全国総合開発計画を策定した翌年の1970年、陸前高田市は広田湾の一部を埋め立てて臨海工業団地を造成する案を盛り込んだ「陸前高田市新総合開発計画」を発表した。だが、漁民、市民から埋め立てに対する異議の声が上がり、市を二分するような議論が始まったのである。

　背景の一つには、政府による「新全国総合開発計画（新全総）」の閣議決定（1969年）に代表される、開発奨励政策がある。とくに新全総は当時、「暴力のデスクワーク」（星野 1972：37）と批判され、のちに全総計画の中でも「もっとも荒々しい」国土計画だと評された（本間 1999：48）。陸前高田の場合、こうした開発の大波の中でも、大規模埋め立て開発は行われなかったが、人口減少、若年層の市外流出、市街地活性化など全国の多くの自治体が共通に抱える課題はなくならない。陸前高田市政は、1991年時点まで埋め立てによる開発構想を堅持し、市の将来像をどのように描くのかをめぐっての議論が市民間で続けられ

◆特集 「復興」と「地方消滅」：地域社会の現場から

た。いわゆる「広田湾問題」である。長く市役所にいた男性は、この問題が「何もおもしろ半分につくった問題ではなくて、地域が生きるために、生活するためにあった事件だと思います」と述べている（2009年9月24日）。「広田湾問題」は、陸前高田の将来をめぐる議論の代名詞だった。

ひるがえって現在、陸前高田は、復興事業において資本の集中投下を受けている。沿岸部には、かつてないほどの大量の重機が入り、嵩上げ工事、防潮堤建設、そして国・県・市の三者がかかわる「高田松原津波復興祈念公園」の構想が進む[1]。

シンポジウムに先立ち、研究委員会委員長から重要な指摘があった。「ポスト3.11」は一見、従来型の開発主義の強化かのように見えるが、そうではない。「『ポスト3.11』の本質ともいうべき断絶性」は、「日本の国家が『選択と集中』を国是とし、辺境と棄民の政策的創出を宣言した」ことにあらわれており、すなわち「開発主義の終焉・放棄」である、と（浅野 2015：46）。この意味で、陸前高田という地域は、高度成長期における国土開発においてはやや周辺的な扱いを受けてきたいっぽう、「ポスト3.11」以降は突然国家による「選択」を受けた地域である。本稿が問おうとするのは、地域側の文脈から見た際、こうした状況変化がどのような意味を持ってくるかである。

以下、まず2で「広田湾問題」の生成過程を振り返り、3で大津波後の「復興」関連事業の進行とともに聞こえてきた断片的な声を拾うことで、陸前高田の戦後を通時的に捉えた際、「開発」と「復興」の間に、どのような連続と断絶がみえてくるのかを探る[2]。

2　「広田湾問題」の生成過程

2.1　国土計画における岩手県と三陸地区の位置づけ

岩手県における総合開発のさきがけは北上川総合開発（1953年2月閣議決定）である。電源開発と灌漑用水確保、水害防止などの目的から開発対象となったのは内陸部であって、のちの陸前高田市となる気仙郡を含む三陸地区は1958年に追加地域指定される形となり、その内容も主眼は三陸漁場の水産資源開発であった（国土計画協会編 1963：91-93）。政府の開発方針は、まもなく、資源開発から経済開発（所得増加）へとねらいを変え、「全国総合開発計画」の策定にいたる（1962年）。この前年につくられた「低開発地域工業開発促進法」（1961年）で陸前高田市も「いわゆる低開発地域」の1つに指定され、新設・増設される製造業の設備への税制優遇措置が受けられる仕組みになった（岩手県 1968：28）。この時点までは、陸前高田は岩手県の県勢発展計画の対象地として決して中心には位置していなかった[3]。

歴史的には、現在の陸前高田市を構成する旧気仙郡の村々は、明治維新までの270年間、伊達・仙台藩の領内にあり、地理的・経済的・文化的には現在の宮城県側と太い交流があった（それゆえ、明治元年以降の所属先の県は幾度も変更されている）。この独自の地域的まとまりもまた、開発の一つの単位として浮上していた。新産業都市指定の動きと連動して、岩手県・宮城県にまたがる三陸地域は1961年に建設省から「広域都市建設調査地域」に指定されたが、これを受けて同地域に「三陸地域地方開発都市建設協議会」（岩手県大船渡市・陸前高田市・住田町・三陸町、宮城県気仙沼市・本吉町・唐桑町）がつくられ、財団法人国

土計画協会への委託により 1964 年、「三陸地域開発計画」が生まれた（市史第 4 巻：576；木下 1991：2；三陸地域地方開発都市建設協議会編 1964）。この構想は大船渡市を「重化学工業基地」、気仙沼市を「大規模水産基地」と想定し、陸前高田市は両者と交通網で結ばれた「商業文化センター」の位置づけだった。陸前高田市史は、この位置づけを、大船渡市・気仙沼市の発展の「波及的効果に依存するベッドタウン的な存在」だったと振り返り、これが「広田湾開発構想」の起動力になったと捉えている（市史第 4 巻：576）。

2.2　陸前高田市における開発計画

陸前高田市は 1955 年 1 月 1 日、気仙郡南 8 ヵ町村が合併して成立した市である。1956 年 5 月に都市計画事業 5 ヵ年計画が建設省より認可を受け、水道敷設や道路舗装工事などを進めてきた。合併当初の市長執務執行者には旧小友村長の及川隆平がつき、2 月の初市長選で菅野音松（旧高田町長）が当選。1959 年に伊東順太郎（旧高田町出身）に交代、さらに 1963 年に熊谷喜一郎が当選した。熊谷は旧広田村長（1947～54 年）を務め、市制施行と同時に商工水産課長に就任、まもなく助役になり、1960 年 5 月 24 日に三陸沿岸を襲ったチリ地震津波[4]の復興に奔走した経歴をもつ（市史第 4 巻：696-697）。前述の 1964 年「三陸地域開発計画」の策定、1966 年「陸前高田市総合開発計画」策定など、熊谷市政と「開発」への熱意は切り離せないものである。自身のことを「カッコ舟一艘持った漁師」すなわち「貧漁あがりの市長」と称し、零細漁民の生活を知るからこその開発構想への注力だったという（木下 1991：7）。熊谷の市長在職期間は 1987 年までの 24 年間に及ぶ。

政府、県、三陸地域、それぞれの開発への思惑が動くなかスタートした熊谷市政にとって重かったのは、人口減少と市民所得の低下傾向であった。当時の市職員は、1965 年時点の市民所得が県内 62 市町村中 40 数位に下がり、人口も合併時（1955 年）に比べて 1,800 人弱減少していることに危機感を抱いていた（木下 1991：2）。こうした中、岩手県が 1967 年 12 月、翌年度の臨海地区整備事業で陸前高田市に工場用地 330 万㎡を造成し、新港湾を建設する方針を提示した。1969 年 7 月になると、造船会社幹部が非公式に市を訪問し、大型船舶を築造できる造船所の移設を考えてもよいとにおわせ、市長の具体的期待をあおった（木下 1991：3）。県は広田湾と久慈湾の港湾整備を運輸省に働きかけることを決め、市とともに財団法人日本工業立地センターに大規模工業団地を建設するための基礎調査を委託した（木下 1991：4）。これらを背景に、1969 年 12 月の市議会に熊谷市長から開発構想の提案がなされ、庶務課長からはこの計画が新全総と岩手県勢発展計画に呼応して定めたものであることが説明された。1970 年 1 月 26 日、臨時召集された本会議で、「陸前高田市新総合開発基本計画」を含む市総合発展計画は可決された[5]。

表 1　陸前高田市発足以降の総人口推移

年	1955	1960	1965	1970	1975	1980	1985	1990	1995	2000	2005	2010	2015
人口	32,833	31,839	31,040	30,308	29,439	29,356	28,404	27,242	26,129	25,676	24,709	23,300	20,199

出典：総務省統計局国勢調査および陸前高田市ホームページ[6]より作成

◆特集 「復興」と「地方消滅」：地域社会の現場から

　この計画が市民に周知された最初の機会は1970年1月25日付けの市の広報である[7]。1面では熊谷市長、黄川田源吉市議会議長がおのおの挨拶文の中で同計画に触れ、2面では3段抜きの市の航空写真に「ひらけゆくわが郷土」の文字が載り、「観光拠点と大型工業の拠点」としての機能を担う陸前高田の明るい将来構想を示す文章が並ぶ。人口は1965年時点の約31,000人から1985年時点で約52,300人に、生産所得も10倍近く伸びるとの見通しだった。そして、のちに問題となる埋め立て開発計画については、小友浦付近の航空写真とともに「広田湾に大型港湾を築造—大規模工業団地が誕生する」という見出しで紹介された（3面）。

> 本市の広大な広田湾は県勢発展に大きな役割をもちつつあり、すでに県が国土計画協会に依頼して、広田湾開発の可能性を診断していますが、その見とおしは、非常に明るくなっています。広田湾は、船舶の大型化、専用船化に充分対応でき、県内臨海随一の自然条件と、広大な背後地をもっていることから、二十～三十万トン級の大型船舶が接岸出来る大型港湾の築造が計画されています。この大型港湾（東北随一の）の築造が強力に推進され、港湾の背後には約三百万坪の大規模な臨海工業団地が造成され、鉄工、造船、飼料、機械金属などの企業の立地がなされ、大船渡木材工業港との有機的な連携を保ちながら小友浦に一大工業地帯が形成されましょう。[8]

　ここで小友浦という名が出る背景には、人口減とは別の、もう一つの市側の懸案が作用していたと思われる。小友浦は、広田湾の東の輪郭をつくる広田半島の付け根にあたる、奥小友町三日市浦にあった遠浅の入り江のことである。戦後の食糧増産政策に従って、この入り江を水田にする事業が岩手県によって総事業費約4億円、約11年間をかけて行なわれた。だが、着工時と違い、事業完了を控えた1967年ごろには豊作とコメ離れとが生じ、もはやコメ増産体制は過去のものとなっていた。農地は小友地区113人に売り渡され、1970年に初めての作付けが行なわれたが、塩害で稲は全滅となる。作付け方法の研究を進めるとともに、大豆やスイートコーン、アスパラガス、みつば等の野菜類の作付けも試みられたが、採算が合わなかった。その後20年間にわたりさまざまな努力が続けられるが、地権者らは農地利用をあきらめるようになっていくことになる（市史第9巻：338-341）。1970年初頭の広報では、干拓地の扱いは詳しく触れられてはいないが、翌年にかけて作られた工業開発案の複数の図面はすべて、小友浦干拓地を工業用地に転用することを見込んだものだった（日本工業立地センター 1971）。この土地の有効活用法をめぐる議論は1990年代まで尾を引くことになるが、ともあれ、自治体としての陸前高田市は、1970年代の幕開けに、「バラ色の未来像」（木下 1991：3）を描いてみせた。

2.3　市民間の反応

　この計画について、いつごろから、どのようにして、疑問が生まれてきたのか。1970年という年といえば、夏ごろから首都圏で光化学スモッグや鉛汚染など大気汚染が一気に問題化し、大手紙がこぞって「公害」を報じた年である。同年9月の市議会では、広田湾開発にかかわって、「公害は出てからでは遅いので対策が必要ではないか」という趣旨の質問が出

されている。市長の応答の大意は、「アメリカ大統領が一般教書で公害を無くす努力に言及したことはたいへん結構だが、敗戦の廃墟から立ち上がるとき、公害などとは言わなかった」というものであり、多少の公害の発生はあっても開発を重視したいとの考えがのぞくものだった（1970年9月16日第3回定例会議一般質問）。しかし、この点についての議論は、漠然とした危惧はされても、構想がまだ具体化していなかったがゆえに、それ以上深まることはなかったようである。1971年2月の市長選では熊谷市長が無競争で当選している。

最初の疑問の声は漁民からあがった。国土計画協会は当初から「広田湾内養殖漁業の補償問題」が起こることを予測していたため、市側は、同年10月から市内の漁協に対して説明会を行なっていた。その場では「大いにやれ！」という声もあったというが、他方で、漁場を失う立場から広田湾開発は「死活問題」と危機感を持ったのが、米崎漁協だった（木下1991：4）。米崎漁協は当時広田湾内で相対的には組合員数が少ない漁協であった（表2）。

表2　広田湾内5漁協組合員数（1970年度）

	広田	小友	米崎	高田	気仙	計
正組合員数	674	197	119	57	321	1368
准組合員数	228	18	15	57	126	444
計	902	215	134	114	447	1812

出典：陸前高田市（1990：138）より作成

1971年3月、米崎漁協は理事会と組合員全員協議会を開き、市当局による広田湾開発計画についての説明を聞いた。市長も出席し、運輸省に対して、第四次港湾整備計画対象へ広田湾・陸前高田港を含めるよう働きかけていること、日本工業立地センターに具体的計画に向けた調査を依頼中であること、漁民が埋め立て反対であれば実施しない方針であることなどを説明した（木下1991：5）。だが4月に組合長に就任した金野博は、漁場を守りたいと考えていた（木下1991：18）。5月の総会で同漁協は開発計画に対して反対運動を展開することを決め、6月には市と市議会に対して、運輸省の整備対象指定と広田湾開発の即時中止を陳情した（木下1991：5）。このことは岩手日報にも取り上げられ、米崎漁協の、「大半の漁家はノリ、ワカメなどの浅海養殖漁業を営み、さらにホタテ、ホヤなどの養殖を始めるなど水産振興を目ざしている。今年度からは約一億円の事業費で組合単独の漁業近代化計画を立て、生産意欲の向上を図っており、市の工業開発はこれら漁業者の生活圏を奪うもので、断じて容認できない」という主張が紹介された（岩手日報1971年6月16日）。市議会はこれを受けて「陸前高田港湾問題審査特別委員会」を設置し、審議することとした。

漁民ではない市民の立場からは、どんな声があったか。岩手日報1971年10月20日記事は「広田湾の工業開発計画—過疎化の歯止めに・臨海工業都市造る」という特集を組み、沿岸5町とその他周辺市町の反応を紹介している。商店街のある高田町では、開発計画が実現する頃には公害は解消されているとの見込みに基づいて計画推進をのぞむ意見と、自然破壊と公害が市民を蝕むという確信のもと反対する両極の意見があるものの、「無関心層が大部分を占め」るとされた。米崎町では、漁民の反対の声のほか、公害が果樹や農作物に被害を及ぼすと心配する農民の意見も紹介された。小友町では、市長から適切な漁業補償が提示さ

◆特集 「復興」と「地方消滅」：地域社会の現場から

れるかどうかを見守っているとされ、広田町では、公害さえなければ工業開発は認める姿勢もあるとされた。気仙町では、誘致企業の中に火力発電所が含まれていたことについて、温排水による養殖への悪影響を心配する声や、工業用水に気仙川の水が使われることでの水量減少への懸念があがった。山側で同市と隣り合う住田町などは、臨海工業団地の造成が叶えば将来のベッドタウン化が期待できるとして歓迎しているとされた。また個人の意見として、高田町の自営業者、米崎町の漁民、気仙町の自営業者がそれぞれの立場から開発計画への疑問について語る欄もある。1971年後半に至って、徐々に市民間にこの計画の存在が知られるようになってきたことがわかる。

1972年が明けると、「陸前高田市産業文化懇談会（通称・木曜会）」という団体が、市民会館で「市当局から広田湾開発計画を聴く会」を開いた。この会は1962年11月に作られたもので、さまざまな職業の市民42名によって構成されていた。この団体に所属していた気仙町の醸造業・八木澤商店（1807年創業）社長の河野通義は、広田湾開発計画の大要が外部委託によって作られたことに疑問を持っており、「中立の立場」を維持しつつも、市とのやりとりで生じた疑問をもとに独自の資料作りに動いた。これが冒頭に触れたミニコミ『美しい郷土』の創刊（1972年9月1日）につながり、一定の関心を集める。医師や教員の中にも、自然破壊と公害への懸念から、計画に反対の意志を持つ人びとが現れ、教職員組合、地区労などの組織も反応して、やがて市内に反対の団体が10あまりも作られていくことになる。

漁民の間では、米崎漁協による説得が他漁協を少しずつ動かしていった。1972年3月には小友漁協からも反対陳情が出された。そこには、広田湾開発は「小友浦干拓が失敗している例からみて危険である」「たとえ代替漁場が与えられたとしても、距離的条件などから漁業をあきらめなければならない」「市の開発計画は、養殖漁業で明るい将来を夢見るわれわれの夢を失わせる」という思いがあった（岩手日報1972年3月8日）。米崎漁協は広田湾の海流に接する宮城県唐桑町の漁協にも足を運び、反対の意志で一致する。唐桑町は同年10月、町ぐるみで「広田湾臨海工業団地造成反対協議会」を発足させる決断をし、これも「広がる広田湾開発反対―宮城県唐桑町」として大きく報じられた（岩手日報1972年10月7日）。

1972年といえば、7月に田中角栄内閣が発足し、直前に発行された田中の著書『日本列島改造論』が話題となった。広田湾はこの中で、増え続ける石油需要に対応するため、石油備蓄基地または中継基地の候補の1つに挙がっている（田中1972：141）。しかし当の地域にとっての1972年は、市側が4月に「開発課」を新設し、5月には市議会が米崎漁協の反対陳情を不採択とするなど開発推進姿勢を強めるいっぽうで、反対運動を目的とする団体が次々に作られて存在感を増し、12月には市内や海上でデモが起きるという激動のうちに暮れた年だった。漁民らを中心につくられた「広田湾埋め立て反対漁民期成同盟会」は岩手県議会にも反対請願を出し、当時の千田正知事の与党・自民党県議団や岩手県漁連などと直接交渉をつないだ。結局、1973年3月頃からの交渉を通じて、岩手県の新県勢発展計画（1973年9月26日発表）からは広田湾開発にかかわる文言は削除され、県政ではこの計画は「凍結」されることとなった（木下1991：9）。

2.4 「凍結」から「解凍」へ

　しかし、陸前高田市行政にとって、県の方針転換は、事前連絡がないままなされた一方的な決定だった。市として開発の熱意があっても、国、県から事業予算が確保できない事態となったのである。熊谷市長は、自民党県議団にこの憤りを率直にぶつけた際、それまで、内々に存在した計画賛成派からの陳情・請願希望をあえて慰留してきた苦労を明かしたという（木下1991：10）。市長は、漁民についても、話し合いを優先し、いったん失えば二度と戻らない海を手放す代わりに百億円単位での補償金をとらせたいと考えて、県に補償額の提示を求めたが、その配慮は、県、国には理解されにくく、結果として、港湾指定への申請が遅れることとなった（木下1991：7）。そもそも開発計画をめぐって、県知事や開発担当の企画部から職員が市を訪れて周知に努めるような姿勢もなかったといい、市職員が他県の視察に行くと、行く先々でなぜ市がくるのかと尋ねられた（木下1991：8）。1975年4月に千田知事は再選されたが、このときも、「広田湾開発は地元が積極的なら再考する」という物言いであった（木下1991：11）。こうした経緯を経ての「凍結」で、当時の県と市の間の溝が浮き彫りになった。

　「凍結」後の市は、半ば単独で産業開発、人口流出や市民所得の向上という課題に取り組まざるを得なくなった。ちょうど4期目を迎えた熊谷市政は、1975年9月に市政座談会の開催、1976年からは市勢発展懇談会の設置を行うとともに、ふたたび外部にあらたな開発計画の作成を求めた（市史第4巻：579, 845-846）。委託を受けた株式会社開発計画研究所は、1978年までに調査報告書を3冊作り、石油備蓄基地の建設を含む開発計画を提示した。市が作った市勢発展懇談会がこれを検討したが、委員の1人に選ばれた河野通義は、同社所長の笹生仁・日本大学教授が、「凍結」となったはずの日本工業立地センターの開発計画の作成委員でもあり、両計画の内容が重なることを批判している（河野1978）。さらに1979年、市は三井情報開発株式会社に漁業振興と広田湾開発の関連影響について調査を委託し、1980年に報告書が提出された。ここで提示されたのが石炭火力発電所の誘致案だった。同社は「陸前高田市は企業から見て、来たいと思う場所ではない」と説明し、オイルショック後に生まれた石炭火電の「国家的要請」に応えることを核に周辺基盤整備もすすめるのでなければ開発はできないと述べたという（木下1991：11）。熊谷市長は1982年3月の市議会で、石炭火電の誘致方針を表明した。米崎のある漁民は、1973年の埋め立て「凍結」時、「いつか解凍したらどうなるんだ」と考えたという[9]が、この危惧が現実のものになった。

　漁民は漁業振興の方途を練っていた。広田湾内5漁協の要請を受けて、市が東京水産大学の研究班[10]に委託した漁業振興調査の報告が提出されたのも1982年9月のことだった。報告は、現在の漁場環境の維持を前提とした上で、流通加工基地の形成や作業共同化での発展可能性を指摘し、石炭火電は漁場に悪影響を与えると明言し、注目された（木下1991：12；河北新報1982年9月12日）。翌月から市と漁協役員は懇談会を行い、工業開発を前提とした環境影響評価調査の実施の賛否を議論したが、このときは、米崎漁協以外の4漁協は、調査実施を拒否しなかった（木下1991：12）。米崎漁協のみが調査そのものも受け入れないという姿勢をとった背景には、「凍結」以降、漁業の生産性をあげるために手を尽くして実績をあげつつあったことが大きいだろう[11]。1983年2月の市長選も見据えて、金野博・米崎漁

協組合長は、「広田湾埋立反対漁民期成同盟会」の再構築を行い、また地区労や社共両党も「広田湾を守る市民の会」を作り、あらためて反対運動の存在を明示した[12]。他方で、石炭火電の建設主体として想定された東北電力は、電力需要の伸び悩みも予想しており、新設に積極的であったとはいえない。ここでもまた、市の期待と外部資本の意図はすれ違っていた。石炭火電の誘致を含む新市勢発展計画は、市議会で1984年12月に激論の末採択され、岩手県総合発展計画でも同様の趣旨が盛り込まれたが、けっきょくのところ、誘致は実現しなかった。熊谷市長はこの期をもって市長を引退し、1987年2月、無競争で菅野俊吾（高田町出身）が市長に就任した。菅野市長の2期目にあたる1991年9月13日の市議会で、「広田湾開発」の文字がない新しい市勢発展計画が採択され、この構想に区切りがつけられた。

じつはこの過程は、国土開発の力点が、中央主導で全国の「均衡発展」をうたった新全総（1969年〜77年）の時代から、その否定と反省の上に「定住圏構想」を打ちたてようとした三全総の時代（1977年〜87年）へと移動した過程（本間1999: 76-80）と軌を一にしている。しかし、三全総によって岩手県で「モデル定住圏」の指定を受けたのは、またもや北上川流域の一関市ほか6町2村の地域であった。陸前高田という自治体の将来構想をめぐる議論には、終わりはなかった。

2.5 「手作りのリゾート」への挑戦

リゾート法（総合保養地域整備法）とともにスタートした第四次全国総合開発計画（四全総、1987年〜98年）政策下で始まった菅野市政は、「広田湾開発」に代わる構想として、冬でも積雪が少ない地の利を生かしたリゾート地域整備構想を打ち出す。陸前高田市は、岩手県によって、三陸沿岸7市町をエリアとする「さんりく・リアス・リゾート構想」に組み込まれた。「活力とうるおいに満ちた海浜文化都市」というキャッチフレーズが生まれ、第三セクター「陸前高田地域振興株式会社」の設立（1988年）、観光名所・高田松原の周辺に道の駅「タピック45」（1991年）、高田松原野外活動センター（1991年）、「海と貝のミュージアム」（1994年）などの施設が整備された。民間資本ではあるが7階建ての「キャピタルホテル1000」も開業し（1989年）。観光客数は徐々に伸びた。サイクルロードレースの開催（1986年〜）、市民の発案・実行委員会形式による「全国太鼓フェスティバル」の開催（1989年〜）なども交流人口の増加を担った。10年余を経て、陸前高田市観光協会事務局長は新聞の取材に「陸前高田には大手デベロッパーの手が伸びず、手作りリゾートが実現した。イベントを通じ、市民の間に、自分たちで何かをやろうという意欲も芽生えた」と語っている（河北新報1999年1月30日）。

賛否の分かれる計画もあった。ゴルフ場の整備、干拓地を買い取っての「ファミリーランド小友浦」（多目的スポーツ広場など）、テレトラック（場外馬券発売所）誘致、タラソテラピー（海洋療法）施設の整備などである。市内に流れる気仙川の上流の住田町に岩手県が治水目的で建設しようとした津付ダムの是非も議論された。菅野市長には、広田湾開発をめぐる市民運動をきっかけに県会議員になったという「初心」があったが、1999年2月の市長選では、ハコものの維持管理費がかさんでいること、リゾート構想への疑問を投げかけられる側に立たされた（朝日新聞岩手版1999年2月2日）。このときは4選を果たすが、2003

年2月の市長選では、リゾート構想に反対を掲げてきた市民が推す中里長門が当選した[13]。中里市政は2期で終わり、2011年2月に「中里市政の発展継承」を掲げた戸羽太市長が誕生した。1ヵ月後、大津波がまちを襲った。

3　風土からの切断──「復興」への流れの中で

　2011年3月11日の14時46分、陸前高田市近郊では震度6弱の揺れがあった。30分から40分後、中心市街地だった沿岸平野部に津波が襲来し、のちに最大17.6 m（高田町法量）の浸水高が観測された。津波は、市内を流れる気仙川、矢作川、長部川を遡って内陸部まで到達し、ふだんは海の見えない内陸部の矢作町、竹駒町、横田町の住民にも被害をもたらした。2016年2月時点で分かっている死者・行方不明者数は1,807名である（うち震災関連死者46名）。家屋の損害も著しく、地震と津波で全壊した世帯は3,805世帯に上った（全8,069世帯中）[14]。市役所、市民会館、公民館、体育館や図書館、博物館、保育園、小学校、上下水道設備、各種の商店、飲食店、スーパー、ホームセンター、民宿、気仙川にかかっていた橋、そして漁港、農地、高田松原と、観光スポットとして整備された沿岸地区の施設のほとんどが、津波の被害を受けた。大手報道各社のヘリコプターによって、かろうじて外枠だけを保ったコンクリートの建物が点在する以外、ほとんどが泥に覆われてしまったようすが外部に伝えられた。

　ここで考えたいのは、「被災」とは、近しい人を亡くし、家屋・財産を失うことだけを意味するのではないということである。失われたのは、数え上げることのできるものだけではなかった。以下は、岩手県二戸市から結婚を機に陸前高田に移り住んだ女性が、震災以前に語っていたことばである。

　　　気仙の景色はすばらしいんですよ。朝と夕方の散歩のとき、気仙川のかわぐち（河口）ずーっと歩くと、とってもきれいで。畑が河口近くにあるので、はじめのうち、あんまりきれいできれいで、らせん状に歩いていったの（笑）こっちみればこっちきれい、あっちみればあっちきれい、てね。河口の近くにもともと（一時期勤めていた）学校はあったから、そこさ行くときにね、朝行くときは、まず、海の空気吸いながら行って、帰るときは、夕方出ればまた山のほうきれいなのね。おすわさま（諏訪神社）の上のほうなんかもう、とっても夕方きれいなの。ああ、こんなに、きれいなとこで暮らして、ほんとに、「美しい郷土」ですよ。だから、みなさん気仙町さいらしたらね、朝寝してねぇで（笑）見ていただきたい。(2008年7月5日、90代女性)

　振り返ってみると、1970年代に関する聞き取り調査中、よそ者である筆者は、多くの人から「陸前高田のよさ」を教えられていた。海の幸山の幸、地酒、眺めのいい場所、誇るべき祭りや季節の行事、地域の歴史から郷土出身の著名人のことまで、人それぞれがこのまちの風土について語るものを持っていた。したがって、「津波前」とは、単なる「過去」ではない。「なに探すってわけでもないんだけど、流された家のあたりを歩いて」、ようやく義理

◆特集 「復興」と「地方消滅」：地域社会の現場から

の父が書いた絵を見つけて拾って飾ったという話があり（50代男性）、同時に、「3・11」特集のテレビ映像は「みたくない」という話[15]がある。二つともが、「津波前」に自分たちが馴染んできた日常風景への断てない思いをあらわしている。被災といっても、自宅が全壊していまも仮設住宅で暮らす世帯、内陸部へ避難した世帯、自宅を再建あるいは修復した世帯、波をかぶる形での被災は免れたために肩身の狭い思いを抱えている世帯など、現在の生活形態は一様ではない。だが、そこには、家族・親族だけでなく地域の顔見知りまで含めて100人や200人の生命を一気に失ったという感覚[16]とともに、慣れ親しんでいた風土のすべてから一瞬にして切断されるという、きわめて根本的な喪失の経験があったということは、何度確認しても足りない。

　被災直後から対応に追われた陸前高田市役所では、111名の職員が亡くなっている状態で、被災者への対応、支援受け入れに加え、復旧事業・復興事業を担うことになった。そうした中、復興事業を請け負う主体として市と協力協定を結んだのがUR都市機構（独立行政法人都市再生機構）である。URは2011年4月には岩手県に職員を派遣し、2014年までに、東北3県12市町村22地区の復興市街地整備と災害公営住宅整備を事業委託されている。空前の費用をかけた工事の多くは東京に本社を置く大手ゼネコンを中心とした共同企業体が受注した。気仙町、高田町では、海抜120mほどの愛宕山を50mまで切り崩して平地を作り、その土で嵩上げをする計画となった。工事を迅速に進めるため、足尾銅山で培った削岩技術を持つ古河機械金属株式会社が造った長大なベルトコンベアが気仙川の上空を横切り、市内の小学生からの公募で「希望の架け橋」という愛称がついた[17]。津波で一変した景色は、少しずつ瓦礫がどけられ、遺構が壊され、地面が丸裸になり、山が崩され、土が盛られ、立ち入りができなくなり、かつて祭の山車が練り歩いた道が土の下に消えて、急激な速度で変貌してきた。その様子を同市出身の写真家・畠山直哉は「完全に土木工事現場の様相」だと受けとめ、こう述べる。

　　発破のための穴を穿つクローラードリル、岩を持ち上げて運ぶパワーショベルやホイールローダー。巨大なタイヤをもつ北欧製のダンプトラックといい、岩を細かく砕くクラッシャー設備といい、回転しながら円周上に土を落としていくベルトコンベアといい、これらはすべてがそのまま、僕がいままで石灰石鉱山で撮影を続ける中で目にしてきた、馴染み深い機械類であるだけに、カメラのファインダーを覗いていると、自分が以前と同じように、どこかの鉱山で撮影をしているかのような気持ちになってしまう。だが、愛宕山の荒れた地面から気仙町を見下ろし、あれが姉歯橋の橋脚だ、あそこに自分たちの家があった、と判るとき、以前に鉱山で味わったような、技術の威力を目の当たりにしたことによる高揚感など、僕の胸に湧いてくるわけはない。（畠山2015：150, 152）[18]

　あらかじめ石灰石鉱山として知っている山が、最先端の技術で崩されていく際に感じられる興奮が、故郷の景色としてのみ馴染んできた山が切り崩される際には、まったく感じられないということ。そのありようには、畠山だけでなく、「津波前」を知る人びとが、刻一刻

と姿を変える風土を目にして、それぞれに抱える複雑な感情が垣間見えるように思われる。人びとは、一つ一つ、できる範囲で、地域の祭礼や行事を再開し、自分たちの生活が根を張っていた風土を作り直そうとしてきた。その傍らで、かつての市の予算規模の十倍以上をかけた大規模な事業が行われている[19]。

政府が決めた2015年度末までの「集中復興期間」のあいだ、復興庁、国土交通省、与党などの合言葉のひとつは「復興加速化」であった。たしかに、2015年2月時点での陸前高田市の主要復興事業の完了率が17.9％（岩手日報2015年2月27日）だというデータは、世間に「遅れ」を印象づける。しかし、現実に、多数の身内、友人、知人を亡くし、いまだにふと「全部夢だったんじゃないかと思う」[20]ほど、変わってしまった風景のそばで、なんとか暮らしを立てようとしている人びとの心身にとって、必ずしも「速さ」が絶対的な目標になるわけではないだろう。

少ない人員で持ちこたえている市政に対して批判してはいけないという思いは被災者からよく聞かれる。ただ、復興事業の進め方に限定してみれば、わだかまりの感情もないわけではない。

たとえば、有名な「奇跡の一本松」については、保存にかけた莫大な費用は適切だったのか[21]、砂地のほうを残す手立てはなかったのか、疑問視する声がある。津波で高田松原の松はほとんどが流出してしまったが、もとは松林だった砂地が500mほどの長さにわたって残り、折れ残った松の根が津波の威力を伝えていた。1年後からは実生の松の幼木を含む植物も芽吹いた。市内の団体が、後世のために、この砂地を保存してほしい、と市に訴えたが[22]、防潮堤建設が急がれる中、砂地を防潮堤の上に移植するという方針がとられることになった。2013年9月28、29日に、工事でつぶされてしまう前に、一般市民が砂地に立ち入れる最後の機会が設けられ、市内外に居住地を置く人びとが、夫婦や家族連れ、あるいは単独で、のべ200人以上集まった[23]。いまはない。

また、高台造成や嵩上げ工事、防潮堤建設などをめぐっての不信も残る。

> 防潮堤を作る工事は、海の中の生態系にも確実に影響があるはずなのに、何の検証もない。せっかく、かつて埋め立てを拒否した海なのに、止められなくて、悶々としている。自分の生活をたてるので精一杯のうちに、「復興」ということでどんどん計画が進んでいって。わたしは、ただの破壊でねぇかって思う。（2015年2月5日、50代男性）

> 嵩上げや盛り土の安全性について、説明会で何かいえば、役場の職員は「そんなこと言ったら、また一からやり直しですよ、そうすれば復興遅れますよ、それでもいいんですか？」という。なんでも「復興のためですから」で済まされる。（2015年2月5日、60代男性）

自分たちが住んでいる地域の将来について、なにか意見や考えをもち、疑問があれば立ち止まって考えるという姿勢は、かつて「広田湾問題」でためされたものであった。だが、「復興のため」という方向づけは、「高度成長下の開発主義の論理」よりはるかに強力に、考える

時間と対話する機会を奪っている。将来をめぐる議論すら、「遅れの要因」として退けられる力学が生まれているというのである[24]。やりきれなさは、冗談まじりの皮肉になる。

> 60代男性：URの人は、さっさとこんなところの仕事は終わらせて、早くオリンピックへ行きたいんでないの。
> 50代男性：オリンピックが決まった時点で、ああ、われわれ棄てられたんだと感じました。（2015年2月5日）

こうした声は、記事にはならない。

4　なにが「守られた」のだったか——自ら治めることへの矜持

　以上はあくまで、陸前高田市の沿岸部において筆者が知り得た事実の断片に過ぎず、人びとが「開発」と「復興」をめぐって抱えてきた深層には到底届いていないに違いない。ただそれでも、高度成長期の開発政策の地域的展開過程と、震災後の陸前高田市がたどっている「復興」過程と対比させると、いくつかの差異が指摘できるように思われる。
　津波後のまちには、「一日も早い復興」という命題が内からも外からも掲げられた。津波で従来のコミュニティを支えていた空間が壊れ、少しずつ場所づくりが進められているものの、巨額の政府予算との連動により、以前目指されたような「ここのやり方」を模索する間もなく、事態が動いていってしまう。これはかつてなかったことではないか。
　長年、東北の農山漁村を歩いてきた結城登美雄は、「復興とは何か」を次のように問いかける。

> この四年間、被災した人びとはさまざまな選択を迫られてきた。家はどうする、仕事はどうする、家族のこれからをどうする。さまざまな課題は一つひとつが重く、そう簡単に判断できないから揺れる。人びとはその大きな心の振れ幅の中から、生きる道を選びとってきた。元の場所に戻れば、元の姿に戻ればそれでよいというものでもない。いろいろな道、いろいろな考え方があるはずである。だからこそ、家族や気の置けない仲間とじっくり会話を重ねつつ、どう生きるかを模索し悩みぬいて出した答え。それが土台になるのが復興なのではないだろうか。(結城2015:94)

　「復興」政策が想定する時間的スパンは、必ず「終了時期」を持ち、「遅れ」「速度」が問題とされるが、この思考様式と日々「暮らす」ことの間には相容れなさがある。人びとにとって大切なことは、自分にとっての「復興」とはなにか、揺れ迷いながら決めていく過程である。

> もう海はいいねって言ってね、見えないところに家建てたけど、いまになってみれば、やっぱり、海見たいのよねぇ。あの山いっこ、取れんかねぇ、なんて言い合ってるの（笑）（2014年10月2日、70代女性）

ロボットみてえに、こっちさ家造ってやっから文句言わねえで住めってわけにいかねえのよ。気持ちの問題って言うかもしれねえけど、ロボットじゃねえがら、気持ぢがあんのよ。(朝日新聞2014年3月7日、40代男性・松川敦志記者取材)

　では「津波前」はどうだったか。「広田湾問題」が始まった頃、他県で長期間の出稼ぎをする大工として計画に反対の気持ちを持った男性は、県が計画を凍結したという報せを受け取ったときの気持ちをこう話している。

　　計画、削除ということが新聞に出たときは、われわれほっとした。ああ、やっぱり、勝った負けたでない、守られたんだなぁって。勝負でない。そういう、率直な喜びがわたしたちにもあったね。(2009年1月22日、70代男性)

　ここで「守られた」のは、一つにはもちろん「美しい郷土」だが、それだけではなかった。震災以前に聞かれた証言(友澤2014)に共通していたのは、自分たちのことは自分たちで決めて治めていきたいという意志であった。

　　私たちは「漁民から海を取り上げ、埋め立てて臨海工業団地を造るだけが、市の進むべき唯一の道ではあるまい」と言っているのである。それ以外にも道はあるだろうから、みんなで考え合い、おたがい納得の上で、選んだ道を行こうじゃないか、というのである。
　　テンポの早い世の中だからといって、焦るのは禁物である。陸前高田市の将来を考えるには、じっくり時間をかけ、悔いを残さないようにすることが大切だと思うのである。(河野1973：64)

　1970年代、外部から提案された「開発」の未来像は、自分たちの郷土のすがたを見直す鏡となった。地域では、自分を含めた家族、あるいは先祖とともに「生活するため」、人びとはそのときどきでさまざまな判断を迫られ、その都度悩んで、選択をしている。「全総の時代は終わった」などと言われても、郷土で生きていくと決めた人びと、あるいは揺れながら生きている人びととの試行錯誤は終わらなかった。埋め立て開発反対運動の先頭にたった米崎漁協組合長の金野博は、あるとき、「知事の寿命はたった4年だが、私たちはこの先何十年、何百年、海を守れたら、これだけで、生きていかれる」と語った[25]。ひとが生きようとする時間には、生業のなかの「循環」はあっても、「任期」や「年度」などの区切りはない。人びとにとっては、自分たちなりの暮らし方を自分たちなりに模索し続ける「時間」と、その模索の場としての「ここ」を、壊さずに残すことじたいが生存戦略のひとつだったのではないか。唯一無二の「ここ」を、よそからの強い力で統治されることを拒む、その意志表示が、陸前高田では、1970年代初頭、開発反対運動として顕在化したのではないだろうか。
　未来をめぐって争うことはとてもむずかしい。開発はされなかったものの、個人単位で見

ていけば、やはり職業を求めて市外に出る人びとも少なくなかった。ただ、同じ郷土を離れるという行為であっても、はじき出される形となるのか、自分の意志として出るのかは異なる。残った人びとも、開発計画「凍結」以降、そのつど、市政の提案に対しなんらかの意思を抱き、市長に失策を感じれば、前回は票を入れたが今回は入れない、という自分なりの選択をすることができた。しかし、揺れ迷うことのできる時間さえ、いまは許されない。

　重機の轟音のかげでつぶやかれる声の中にも、いくつもの異なる「道」がありえたことを、どのように取り出すのか、学問への問いでもある。

注
(1) だからといって、被災者個々人の生活再建が進んでいるわけではない。世帯が受けられる支援金には限度があり、土地があっても資材の高騰と人員不足により住宅の再建を阻まれているケースもある（NHK「ろーかる直送便　ゼロからの町づくり―陸前高田それぞれの選択」2015年1月8日放送）。
(2) シンポジウム当日の報告では、本稿2.3にかかわる当事者らの証言を中心に紹介したが、その多くは友澤（2014）に既掲載の内容なため割愛する。本稿の記述は、2007年12月～2015年2月までの間に、年に1～2回、3～4日間ずつの滞在で、陸前高田市気仙町、高田町、米崎町、小友町、宮城県本吉郡唐桑町の住民23名の方へのインタビューと資料収集の結果によるものである。（人の発言は2010年までは録音からの書き起こし、2011年以降は手書きメモに基づいている）。
(3) 岩手県の資料では、工場適地の一つとして紹介されているものの（岩手県1968：96）、県勢発展計画における沿岸工業開発という文脈の中では、久慈、宮古、釜石、大船渡等の大規模な港湾が第一に挙げられ、陸前高田は大船渡地区に付随した形での整備を「検討する」という表現となっている（岩手県1969：33-34）。
(4) 陸前高田市では、当日の死者8名、家屋全壊・流出155戸、また田畑や船、漁業関連施設・道具への被害も大きく、被害総額は8億2千万円に上った（市史第4巻：557-564）。
(5) 木下（1991:3）では、12月の定例会議から1月26日の臨時会議までのプロセスを知る関係者は、「反対の『は』の字もなかった」と話したと紹介されている。ただ、議会が市の発展計画を審議するのは初めての例であり、12月定例会議中には議決に至らず、1月19日に全員特別委員会で再度、8議員から質疑があった。その中で「もっと自主性があってもよい、まるで関東・関西の従属である」といった意見が出され、市長も「実は同様の疑問を持っている」と応じる場面があったことは興味深い。議事録は2008年2月13日に陸前高田市議会事務局で閲覧した。
(6) 陸前高田市ホームページ「市のプロフィール」
　　http://www.city.rikuzentakata.iwate.jp/index.html（2016年1月20日閲覧）。
(7) 陸前高田市役所庶務課発行『広報陸前高田』第179号（1970年1月25日）。同広報は陸前高田市立図書館所蔵のCD-ROMで閲覧させていただいた（2015年2月4日）。ご対応下さった職員の皆様に感謝申し上げたい。
(8) 『広報陸前高田』第179号3面。
(9) 2007年12月17日、70代男性。
(10) 研究班は東京水産大学増殖学科の片田実、水口憲哉、山川紘ら7名で構成。とくに水口憲哉氏はその後も陸前高田市とのかかわりが深く、本稿で参照した資料の一部は水口氏にご提供いただいたものである。記して感謝申し上げる。

⑾　米崎漁協は、1973年から、組合員の生産目標を1万円＝1点として1年間の生産目標と実績を公表する方式を工夫し、養殖種目ごとの生産技術と意欲双方の向上に取り組んでいた（東海新報1986年2月8日；広田湾漁業協同組合米崎支所2007）。

⑿　木下（1991：13）。市内の政治基盤の形成と展開過程について筆者はまだ詳しく述べる知見をもたないが、木下によれば、1983年2月の市長選挙は、岩手県会議員だった戸羽一男が県議を辞し、6選を狙う熊谷市長と、保守同士の「骨肉の争い」を展開した。結果は熊谷市長の辛勝だったが、この頃から、いわゆる保守層の基盤の分裂が決定的になったという。

⒀　中里陣営は共産党・自民党系組織が支援し、5選を目指した菅野陣営は民主党（小沢一郎・黄川田徹ら）が支援していた。

⒁　死者・行方不明者数については、いわて防災情報ポータルサイト「東北地方太平洋沖地震に係る人的被害・建物被害一覧」（2016年2月29日現在）
　　http://www2.pref.iwate.jp/~bousai/taioujoukyou/jintekihigai/jinteki20160229.pdf（2016年3月12日閲覧）を参照、それ以外については、陸前高田市ホームページ「陸前高田市の被害状況」http://www.city.rikuzentakata.iwate.jp/shinsai/oshirase/hazard1.pdf（2015年12月20日閲覧）を参照。

⒂　ラジオ陸前高田災害FM、2015年4月22日放送回で、40代女性。

⒃　陸前高田市内にあり避難所の役割も担った特別養護老人ホーム高寿園のスタッフ3人へのインタビュー（2013年1月10日）記事から。『都市問題』104号25-35頁に掲載。

⒄　愛宕山の岩盤は予想以上に硬く、重機や破砕機、コンベアのゴムにメンテナンスが必要だったという（岩手日報2014年4月5日）。また毎日正午ごろに行われる発破作業では、近隣に騒音、振動の被害もあった(岩手日報2015年1月25日)。コンベアは2015年9月15日に稼働停止し、現在解体中である。

⒅　畠山直哉氏は1958年、岩手県陸前高田市生まれ。石灰石鉱山を被写体とした写真作品で知られ、1997年木村伊兵衛写真賞受賞。ここで参照したエッセイは「陸前高田 バイオグラフィカル・ランドスケイプ」と題されている。

⒆　陸前高田市の一般会計当初予算は震災前まで2001年の129億2100万円が最高だったが、2012年度に660億円、2013年度に1019億円、2014年度に1293億6千万円超と最大値を更新してきた。2015年2月の復興庁による第11回復興交付金の配分額では、岩手県への534億円のうち330億円が陸前高田市に配分された（岩手日報2015年2月28日）。

⒇　2014年10月3日、50代男性。

㉑　「奇跡の一本松」の保存事業は、陸前高田市が随意契約で乃村工藝社に1億5千万円で発注したが、一般競争入札で行なえば約半額で済んだ可能性があり、違法の可能性があるとして、市民団体から監査請求が出された（岩手日報2014年11月20日）。

㉒　「高田松原を守る会」は市や県に要望書で保存を働きかけたが、防潮堤の工事を理由に聞き入れられなかった。関連記事として「『高田松原現状保存を』 守る会が県に要望書」（産経新聞2013年6月21日）。

㉓　偶然29日に陸前高田に居合わせた筆者も同行させてもらった。人びとは、なにか特別な行為をするというよりも、砂地を歩き、家族写真を撮り、海をただ眺めて、木や貝や石を拾い、砂を集めたりしていた。

㉔　本稿で引用した東海新報社の連載をまとめた記者・木下繁喜氏は大船渡市で被災したが、ある県職員に「市民一人ひとり、被災者一人ひとりの意見を聞いていたら、まとまる計画もまとまりません。だから行政が決めていくんです」と言われ、その考えに疑問を呈すると「行政の敵に回ったんですね」と冗談半分で言われたという（木下2015:217）。

⑸ 鎌仲ひとみ監督『六ヶ所村通信番外編』(VHS作品、制作:グループ現代、45分、2005)でかつての運動を回顧しての発言。

参考文献
浅野慎一, 2015, 「東日本大震災が突きつける問いを受けて—国土のグランドデザインと『生活圏としての地域社会』」『地域社会学会年報』27号:45-59
畠山直哉, 2015, 『陸前高田 2011-2014』河出書房新社
広田湾漁業協同組合米崎支所, 2007, 「点数制による漁場行使の最適化と所得向上——漁家別水揚高目標の設定・達成を積み重ね、高収益を実現」『アクアネット』103号:24-27
広田湾埋め立て開発に反対する会, 1972, 「市民の皆さんに訴える」『美しい郷土』1号:2-6
本間義人, 1999, 『国土計画を考える』中公新書
星野芳郎, 1972, 「新全総の思想に反対する」『展望』159号:20-37
岩手県, 1968, 『岩手の工場適地—新しい産業社会の紹介』
岩手県, 1969, 『岩手県県勢発展計画』
岩手県企画部, 1972, 『新岩手県県勢発展計画骨子案』
木下繁喜, 2015, 『東日本大震災　被災と復興と　岩手県気仙地域からの報告』はる書房
木下繁喜, 1991, 「幻の広田湾開発—20年の軌跡」『東海新報』1991.11.12-12.7 全21回連載(「:数字」は連載回を示す。)
国土計画協会編, 1963, 『日本の国土総合開発計画』東洋経済新報社
河野通義, 1973, 「広田湾開発と反対住民の主張」『地方公論』No.10(1973.5):58-64
河野通義, 1978, 『美しい郷土—株式会社開発計画研究所報告書批判・広田湾を沿岸漁業の宝庫にしよう』(非売品, 冊子態コピー)
陸前高田市, 1990, 『陸前高田の水産』陸前高田市
陸前高田市史編集委員会編, 1996, 『陸前高田市史　第4巻　沿革編(下)』
陸前高田市史編集委員会編, 1997, 『陸前高田市史　第9巻　産業編(上)』
三陸地域地方開発都市建設協議会編, 1964, 『三陸地域開発計画—三陸地方開発都市の構想』三陸地域地方開発都市建設協議会事務局
田中角栄, 1972, 『日本列島改造論』日刊工業新聞社
友澤悠季, 2014, 「広田湾埋め立て開発計画をめぐる人びとの記憶——岩手県陸前高田市を中心として」中央大学文学部紀要『社会学・社会情報学』24号:199-219
結城登美雄, 2015, 「小さなつどいとなりわいがつなぐ復興」『世界』(2015.4):94-100

災害資本主義とリスクマネジメント
―― 阪神大震災20年と東日本大震災4年から見えてくること ――

岩崎信彦

はじめに ――「災害資本主義」という用語

　2015年1月17日、阪神大震災は20年という歳月を刻んだ。ＮＨＫが行った被災者調査は、被害の傷跡が被災者の弱い部分になお強く残っていることを明らかにした。本稿は、その調査結果を分析しながら阪神大震災がもつ意味を考察することが目的である。そして、その際に近年の二つの事柄を考慮に入れる。一つはいうまでもなく、2011年3月11日に発生した東日本大震災と原発事故である。同じ震災ではあるが阪神と東日本では、直下型地震と海洋型地震、大都市と地方沿岸部、「震災の帯」被害と原発被害という対照的な性質をもっている。もう一つは、2007年にカナダ人ジャーナリストのナオミ・クラインが『ショック・ドクトリン――災害資本主義の興隆』という本を書いたことである。「ショック・ドクトリン」という言葉が示すように内容は衝撃的であり、「災害資本主義 disaster capitalism」という用語には大災害と資本主義の関連が鋭く探究されている。

　本稿では、それゆえ、阪神大震災と東日本大震災の差異を見ながらも、それらに共通する社会的特質があるのではないか、それを「災害資本主義」という論理において見ることができないか、そして、その論理を彫琢して「災害資本主義」を学術用語に高めることができないか、を検討することを課題としている。

　まず、クラインによる「災害資本主義」の規定を見てみよう。「ハリケーン・カトリーナがアメリカ南部を襲った直後の2005年9月、…ニューオリンズ選出の有名な共和党下院議員リチャード・ベーカーが語った…。『これでニューオリンズの低所得者用公営住宅がきれいさっぱり一掃できた。われわれの力ではとうてい無理だった。これぞ神の御業だ』。…破局的な出来事が発生した直後、災害処理をまたとない市場チャンスと捉え、公共領域にいっせいに群がるこのような襲撃的行為を、私は『災害資本主義』と呼ぶことにした」(Klein: 3-6, 1-6、訳語は一部変更した。以下同じ)。そして、「ショック・ドクトリンはまさにそのように機能する。まず初めに災害――軍事クーデター、テロリストの攻撃、市場の暴落、戦争、津波、ハリケーンなど――が起きると、国民は茫然自失の集団ショック状態に陥る。…ショックに打ちのめされた社会もまた、本来ならしっかり守ったはずのものを手放してしまうことが往々にしてある」(Klein: 17, 22) と。

　クラインは、カトリーナや2004年のスマトラ沖地震について言及しているが、それ以上に1970年代のチリにおける軍事クーデター、1982年のイギリスとアルゼンチンのフォーク

◆論　文

ランド紛争、1991年のソ連崩壊など多くの政治危機、経済危機を取り上げている。それらの危機を待ち受けているのは、自由放任資本主義の教祖的存在である経済学者ミルトン・フリードマンである。「フリードマン一派は大災害に備えて自由市場構想を用意して待っているというわけだ」(Klein: 6, 7)。

　このような意味で「災害資本主義」を「災害（惨事）便乗型資本主義」と邦訳することはまちがいではないが、経済危機や政治危機という災害（惨事）があたかも資本主義システムの外から偶然に起きるような印象を与える。しかし、それらの災害（惨事）は資本主義の内から必然的に生じてくる。クラインも述べている。「ここにおいて、フリードマンの危機理論はますます自己強化される。世界経済が彼の処方に従い、変動金利、価格統制の撤廃、輸出中心の経済などを採用すればするほど、経済システムは危機に陥りやすくなり、経済崩壊も起きやすくなる」(Klein: 159-160, 223-4)。経済に新自由主義的介入が行われれば行われるほど再び危機は醸成されるのである。そして、そもそも資本主義システムには、過剰生産恐慌、労働者の生活悪化、公害と自然破壊、国家や金融機関の債務危機などの矛盾と危機が底深く含まれている。すなわち、資本主義は固有の「資本主義災害 capitalist disaster」を生むということである。地震や津波という自然災害そのものは資本主義システムが生み出すものではないが、その災害が波及する過程において資本主義システムのもたらす被害増幅の災厄は大きい。「資本主義災害」は、そういう意味で自然災害をも含むのである。

　以上のように、「災害資本主義」は、資本主義が災害を生むあるいは増幅するという「資本主義災害」と、生じた災害に便乗しそれを利用して資本主義のさらなる拡大を図るという「災害便乗資本主義」という二つの側面をもっており、この両面が相互に前提しあい循環的に一体化していくシステムとして存在しているのである。

　なお、これまでの先行研究としては、池田清による『災害資本主義と「復興災害」』(2014)がある。そこにおいては、災害資本主義は次のように規定されている。

　「第1に、資本主義はマネー（利潤）を最優先するため、…労働災害が引き起こされる。…第2に、資本主義が、地域的に不均等に発展し、…災害に脆弱な地域・国土構造をつくる。第3に、…地球温暖化などの気候変動の影響による干ばつ、洪水、台風、ハリケーンなどの自然災害の誘因となる。…第4に、資本主義は、大恐慌や失業、貧困、格差をつくりだし、民主主義の基盤…を解体させるため、独裁政治、強権政治への傾向を強める。そしてテロやクーデター、内戦、戦争などの土壌を形成する」(池田2014b：40-41)。

　これは、災害資本主義を資本主義総体の中で位置づけ、「復興災害」を解明するという先進的な考察であり、筆者もそれに教えられるところが大きい。この規定を参考にしつつ、本稿を進めていきたい。

1　災害資本主義としての阪神大震災
——「下町」は二度悲劇に襲われた

　1995年の阪神大震災は、死者6443名という大きな被害をもたらした。とくにJR線と阪神電鉄線に挟まれたインナーシティ、いわゆる「下町」が「震災の帯」となって壊滅した。

その帯のなかで生じたのは死者率の異常である。地元の病院長額田勲によれば、「通常、この種の災害では、重傷者数が死者数をはるかに上回るのが常識なのに、今回は死者より重傷者数がずっと少ないという『逆転現象』がみられる」。通常、災害における死者数対重傷者数の比の指標は 0.1 であり、ロサンゼルスのノースリッジ地震は 0.06 であったという。それに比して、東灘区（死者 1210 人）は 0.37、須磨区（313 人）は 0.53、長田区（723 人）にいたっては 1.35 という異様な数字を示すのである（額田 1999: 151-2）。

神戸市の都市経営に携わったテクノクラートは、次のように解説した。「非戦災・密集住宅街区は自治体も居住者も危険なことは知っていた。しかし、再開発となるとコミュニティの破壊、家賃の高騰、権利関係の顕在化など収拾のつかない事態に陥る恐れがある」、そして、「このような視点からみるとき、都市開発によって西北神開発は、都市密集による被害の拡大を回避することとなった」と（高寄 1996: 3-20）。神戸市はたしかに、D. ハーヴェイの「資本の第2次循環」を担う都市資本の経営主体であった。「山を削り海を埋める」という公共ディベロッパーとして、1975 年度には市財政を黒字に転じさせ、ポートアイランド（第1期）造成による 200 億円という莫大な利益と 1981 年のポートピア博覧会の成功（剰余金 94 億円）に結実させていった。

このような開発主義政策によって多くのインナーシティは街区や家屋が旧態のまま放置された。しかし、当時一カ所だけであったが、住工混合密集地域の長田区真野地区で住民参加型の「転がし方式」による改善が進んでいた。その結果、この地区 40ha の震災死者は 19 人と極めて低かった。他方、旧態の住宅街であった長田区鷹取東地区 8ha の死者は 90 名余にのぼった。まさに、多くのインナーシティ地区は「危険なことは知っていた」ままに放置され、多くの死者を生みだす悲劇に襲われたのである。（この震災被害発生が「資本主義災害」の局面であるとすれば、震災後に始まるのが「災害便乗資本主義」である。筆者の以前の論考「市民社会とリスク認識」2002 をも参照されたい。）

神戸市は、震災後 2 か月余りで都市計画決定を行ない、これらの激甚被災「下町」に大規模区画整理事業と巨大な市街地再開発事業を施行していった。そのときの市幹部の言葉が「（このような震災が起き）幸か不幸か」（助役）というものであった。これまで手をつけなかった「下町」をこの際クリアランスし、優良市街地にしていこうという企図であり、10 年後にニューオリンズで下院議員が言ったことと同じであった。そして、新長田市街地再開発は、約 20ha を対象に、事業費約 2700 億円で 44 棟の再開発ビルを建設するという巨大事業となった（2015 年時点でなお完成していない）。さらに、震災後、神戸市長が初めて市民に発した言葉が「神戸空港は建設します」であった。多くの市民は唖然としたが、神戸市の都市経営にとっては、最重要課題であった。1987 年に着工したポートアイランド第 2 期工事の 390ha の造成地を売れるようにするためにはその地崎に空港を作ることが必須の要件であったのである。まさに災害便乗の危機突破策である。

なぜこのように巨大な開発を復興施策として進めたのか。それは、1991 年の「バブル崩壊」にともない、神戸市の都市経営は財政的な行きづまりにおちいっていたからであり、そういうときに起きた阪神大震災は都市経営の首脳部にとって「起死回生のチャンス」であったのである。災害便乗資本主義の機能がいかんなく発揮されていった。

この災害便乗資本主義も新たな、より深刻な資本主義災害を生みだしていく。

「2014年6月時点で、37棟が完成、1棟が設計中、6棟が着工予定である。『アスタくにづか』はうち9棟を占める中核施設で、住宅以外の商業スペース約8万3千平方mのうち、売却できたのは約4万5千平方mにとどまる」(朝日新聞、2014年7月10日)。具体的な実態は次のようである。「3番館1階で紳士服店『PET』を営む谷本雅彦さん(50歳)も父の代から店を営む。震災で4階建ての店舗兼住宅を焼失したが幸い両親は無事だった。仮設店舗を転々とした末に、ここで72.5平方mの部屋を5250万円で購入した。『…内装に1000万円近くかけました。今は(売るとしても)当時の5分の1くらいではないかな』と谷本さんは嘆く。…ともかく人通りがない。…『月に7万円近い管理費を負担しています。さらに固定資産税が、住居の減額措置がないから高いんです。』震災後多くの商店主たちは職住を分離されていた」(粟野2014a：30)。

店舗の管理費が住宅部分の数倍高いこと、また新規の店舗開設には「タダ同然にテナント貸しされ、内装工事に市が補助金まで出していた」ことが明らかとなり、2012年に店主ら52人は「まちづくり会社」を相手に過払い金3億円の返還を求める訴訟を起こした。「まちづくり会社」は神戸市が丸投げ的に委託した民間会社であり、店主たちへ誠実な対応は行なわれていない(出口2015: 44-49)。このようにして、震災復興の名のもとに大規模開発とクリアランスが行なわれ、「下町」は二度目の悲劇に見舞われたのである。

これらは災害便乗資本主義によってもたらされた新たな災害にほかならず、神戸の被災地で一貫して復興に取り組んできた塩崎賢明、出口俊一らによって「復興災害」と名づけられた。まさに的確な命名である(塩崎他2010：39)。

2　20年目の阪神大震災の状況
　　——NHK「震災20年アンケート調査」からわかったこと

NHKによる「震災20年アンケート調査」は「10年調査」の回答者6460人中、住所を把握することができた2765人に発送し、うち646通が不達で戻ってきたので、調査母数は2119人である。回答数は928であった(回答率43.8％)。この調査をNHKにおいて直接担当したのはNHK神戸の鈴木健吾氏であり、「クローズアップ現代 取り残される"働き盛り"～阪神淡路大震災20年～」(2015年1月15日放映)を担当したのはNHK大阪の佐藤祐介氏である。岩崎はアドバイザーとして関与した。NHKと両氏の許諾のもとでその報告を行なう。なお、紙幅がないので表は割愛するが、個別に要請があればメールで送付する。

2.1　「暮らし」の復興度はなお低い——50点以下の人が20％

調査対象者に復興の度合いを100点満点の10点刻みで評価してもらった。その復興度の加重平均点は「全体の復興」81、「街並み」87、「あなたの暮らし」77、「あなたの心」79で、10年前の2005年調査よりそれぞれ約10点上がっている。

「街並み」87と「あなたの暮らし」77の10点差が象徴的である。街並みが復興しているほどには被災者の生活実態は復興していないということである。それをもたらしているのは、

「あなたの暮らし」の復興度50点以下という生活困難をかかえる人が20%（5人に1人）も存在することである。

とくに生活で困難をかかえる人をみると、次のようである。

1. 「震災前の友人・知人とまったく付き合えなくなった（回答者の8%）」61 vs「同じように付き合えている（同68%）」80。

表1　震災以前の友人・知人との付き合い×「あなたの暮らし」の復興度

以前の友人・知人との付き合い	復興度 回答者数	0点	10点	20点	30点	40点	50点	60点	70点	80点	90点	100点	100点以上	無回答	有効回答数	復興度平均
全体	928	4	4	9	20	26	75	53	87	124	64	200	28	234	694	77.3点
	100%	0.4	0.4	1	2.2	2.8	8.1	5.7	9.4	13.4	6.9	21.6	3	25.2	100%	
震災以前と同じようにつきあうことができた	604	4	1	6	8	14	42	29	56	89	52	155	21	127	477	80.3点
	100%	0.7	0.2	1	1.3	2.3	7	4.8	9.3	14.7	8.6	25.7	3.5	21	68.7%	
一部の人としかつきあえなかった	207	0	1	2	9	6	18	21	19	26	10	32	6	57	150	72.6点
	100%	0	0.5	1	4.3	2.9	8.7	10.1	9.2	12.6	4.8	15.5	2.9	27.5	23.4%	
まったくつきあえなくなった	72	0	2	1	3	5	15	2	6	6	1	7	1	23	49	61.2点
	100%	0	2.8	1.4	4.2	6.9	20.8	2.8	8.3	8.3	1.4	9.7	1.4	31.9	8.8%	

2. 「震災が原因で転職、転業、廃業をした（回答者の15%）」63 vs「同じ仕事をしている（同23%）」83。

1. と2. の問題は、震災前と同じ場所に戻れた人が59%しかいないという全体状況が関連している。とくに、大規模復興区画整理事業と市街地再開発事業で旧来の「下町」が壊されたことに起因している。たとえば、区画整理を行なった長田区御菅地区では住民は27%しか戻ってこなかった（NPO法人「まち・コミュニケーション」調べ）。

東日本大震災後の状況も同じ傾向を示しており、友達が少ないと希望の実現行動が低く、「多い人々の半分程度」である（玄田2015:213）。また、無業率が高くなるのは、避難中、転居、避難後に戻った、の順である（玄田2015：73）。

放映事例のAさん夫婦（妻69歳）は、震災時「下町」で居酒屋を営んでおり、倒壊した家の中に閉じ込められたが、地元の常連客によって奇跡的に救出された。「震災の10か月後、500万円のローンを組み、店を再開しました。しかし、町の再開発が進んだことで商店街の様子は一変。常連客も次々と町を離れ、客足も遠のいていきました。さらに、夫ががんを患い、入退院を繰り返すようになりました。私も震災の影響で右半身に麻痺が残っていました。…震災から13年、店は閉店を余儀なくされました。…」

3. 「障害や後遺症が強く残った（回答者の6%）」64、「少し残っている（同18%）」68 vs「傷や後遺症はない（同75%）」80、である。震災重傷障害者の救済の問題は筆者が阪神大震災10年目から取り組んだ課題であるが、法的未整備や「命があっただけよいではないか」という被災地感情から救済が遅れている。とくにかれらを介護する家族の困難は大きい。

2.2　被災者を襲う「借金地獄」

もう一つ大きな問題は、被災者が貸付金やローンの返済で「借金地獄」に陥っていることである。震災で給付されたのは、義援金40万円の他は、兵庫県の復興基金から30%ほどの14万7千世帯に平均96万円の「被災者自立支援金」だけである。他方、貸付けられた公的

資金は、全半壊被災者の約30％（15万世帯）に1世帯平均950万円であるとされているが、兵庫県震災復興研究センターによる費目別合算1兆4347億円（塩崎2002：160-1）と符合している。

NHKの〈10年調査（2004）〉では、23％の被災者が民間資金を含めて平均2078万円の新たな借り入れをしている。〈20年調査〉では、500万円以上の負債残高を残している人は回答者全体の9.4％いる。彼らの「暮らし」の復興度は表2のように7点ほど低い。

表2　負債の残高×「あなたの暮らし」の復興度

負債残高	復興度 回答者数	0点	10点	20点	30点	40点	50点	60点	70点	80点	90点	100点	100点以上	無回答	有効回答数	復興度平均
全体	370 100%	1 0.3	0 0	3 0.8	10 2.7	12 3.2	41 11.1	34 9.2	43 11.6	61 16.5	25 6.8	67 18.1	11 3.0	62 16.8	308 100%	74.6
すべて返済した	194 100%	0 0	0 0	1 0.5	4 2.1	4 2.1	19 9.8	16 8.2	18 9.3	35 18.0	17 8.8	43 22.2	6 3.1	31 16.0	163 52.9%	78.3
500万円未満	57 100%	1 1.7	0 0	0 0	3 5.2	3 5.2	8 14.0	4 7.0	8 14.0	7 12.2	2 3.5	11 19.2	1 1.7	9 15.7	48 15.5%	70.0
500万円～1500万円未満	60 100%	0 0	0 0	0 0	1 1.6	0 0	10 16.6	8 13.3	8 13.3	13 21.6	3 5.0	5 8.3	2 3.3	10 16.6	50 16.2%	72.0
1500万円以上	17 100%	0 0	0 0	1 5.8	0 0	1 5.8	3 17.6	1 5.8	2 11.7	1 5.8	1 5.8	2 11.7	2 11.7	3 17.6	14 4.5%	71.4

調査票への自由記入には次のようにある。

〈73歳の女性〉全財産をはたいて、とにかく家を建てました。実際の生活苦はローンの返済とともに始まり、震災後の人生は、ただそれだけに終わったというのが事実です。

〈69歳の女性〉震災はなんだったんだろう。ずっと走ってきました。走っても走っても終わらず、いつになったら思い出として話せるのだろう。私名義のローンは75歳まで。心の平安を得たい。

放映事例のB氏（67歳）は、妻と2人の子ども、母親の5人で暮らしていた。自宅が全壊し母親を亡くした。震災から7か月後、2800万円でローンを組みマンションを購入。2人の子どものためにも、また何よりも自宅再建が暮らしの復興につながると考えた。利用できた支援は5年間の利子補給だけ。毎月7万円ずつ返済して20年、ローン残高はなお1870万円。B氏は5年前に定年退職し、今は時給800円の警備員の仕事を続けている。

政府の貸付金中心の復興支援により、被災者が借金、ローン返済の重圧にあえぎ、暮らしの復興を遅らせていることは明白である。

3　災害資本主義とリスク

3.1　神戸市都市経営のリスクテイクとその結果

このように、都市経営は資本の第2次循環として資本活動の一環を形成しており、神戸市都市経営はまさにその先進的な事例であった。その都市経営のリスクテイクの一つであった神戸空港のその後をフォローすると次のようである。

1998年には空港建設の是非を問う住民投票条例の直接請求を求める署名運動が展開されて有効署名は30万人を越えたが、神戸市コーポラティズムに包摂されてきた神戸市議会は

大差で否決した。約 3000 億円をかけて 2006 年に開港し、当初は 300 万人近くが利用したが、その後はおよそ 240 万人前後であり、累積赤字も 20 億円に達している。空港島の売却希望土地 86.5ha にたいして既処分は 10.8ha にすぎない。起債の残高は 2149 億円である。ポートアイランド第 2 期は約 5200 億円をかけて 2005 年に竣工したが、2012 年度において売却予定地の 28% しか売れていない状態である（未売却 128ha）（高田 2015: 62）。神戸市は、関西国際、大阪（伊丹）両空港との「一体運営」に向けて売却を検討している（毎日新聞、2015 年 4 月 10 日）が、抱えている大きな赤字ゆえにうまくいく保証はない。

これが、神戸市都市経営のリスクテイクの結果であった。そして、神戸市の財政は、一般会計にしぼると、市債残高は震災後の 1997 年に 1 兆 8 千億円近くに達した。これは 2008 年には 1 兆 165 億円に減少している。「平成 16 〜 22 年度（「行政経営方針」の計画期間中）に一般会計の実質市債残高を約 6000 億円削減しました」とある。その柱の中心になったのが市職員の削減である。「平成 25 年度の職員総定数は 15,141 人で、震災以降（平成 8 〜 25 年度の累計）6,587 人を削減しました。これは、平成 7 (1995) 年度の職員総定数 21,728 人の約 30% に相当します」（神戸市広報、2013 年 9 月）。このように 18 年間に 30% のリストラを行なわざるをえなかったことにより、市の公務機能が大きく低下し市民生活をサポートする機能が脆弱化することは推測に難くない。

3.2　資本活動の本性に起因するリスクと災害性

それでは、リスクとは何かを資本の本性においてとらえてみよう。資本とは何か、それはかつてマルクスが取り組んだテーマである。「資本の一般的定式 G–W–G'」によって、「貨幣は、資本に転化するのであり、…すでにその使命から見れば、資本なのである」（Marx1969: Ⅰ 162, 192）。そして、その時のキーワードになるのが「前貸し」である。

「G–W–G では、…買い手は商品を買うときに貨幣を流通に投ずるが、それは同じ商品を売ることによって貨幣を再び流通から引き上げるためである。…だから、貨幣はただ前貸しされるだけなのである。」（Marx1969：Ⅰ 163, 194）

「それゆえ、最初に前貸しされた価値は、流通のなかでただ自分を保存するだけではなく、そのなかで自分の価値量を変え、剰余価値をつけ加えるのであり、言い換えれば自分を価値増殖するのである。そして、この運動がこの価値を資本に転化させるのである。」（Marx1969：Ⅰ 165, 196）

資本の本来の力はその「支払手段」としての本性から生まれる。「支払」は、過去の負債を現在において決済することである。決済する力の使用料として利子が払わなければならない。このような前貸し資本が資本の利潤の原理をなしている。「前貸し vor-schiessen」は「前 - 支払 vor-schiessen」という意味であり、「支払」が時間のベクトルを逆にして行われ、未来に生じる負債を現在時点で決済することによって、利子を将来において獲得する潜在的力を形成・保持できることになる。すなわち G が G+⊿G へと増殖させる潜在力を、「前 - 支払」によって先取り的に我がものにするのである。これが資本の本性、すなわち「一般的方式」の秘密である。（岩崎 2015：58-63）

ここにおいて、リスクが本来的に生じてくるのである。売れるかどうかわからない商品を

仕入れるまたは生産する、あるいは新製品を開発することは大きなリスクを伴う「命がけの飛躍」である。そして、第二次リスクも生じる。すなわち、商品運送中の自然災害や盗難、そして資本主義システムから発生する景気変動と恐慌による「資本減価」である。本来のリスクに対しては利潤と利子が報われ、第二次リスクに対しては保険が対応する。第二次リスクがなくてすめば自己留保した保険は自分のものとなる。

マルクスは資本主義における恐慌発生の必然性を説いており、また現実に過剰生産恐慌や金融恐慌が生じてきた。資本主義が成熟している現代において、本来のリスクと第二次のリスクは一体となり、資本の世界をリスクテイクとそれへのリターンへと純化させ、「ハイリスク・ハイリターン」が時代のかけ声となる。そこには恐慌をはじめ、労働者の人間性の毀損、自然生態系の破壊という災害性が本質的に含まれているのである。

そして、マルクスはその災害性を利用して資本がいっそうの活動拡大を図ることに言及している。「貨幣市場の逼迫の時期にはこのような有価証券は二重に下がるであろう。…恐慌中に起きるこれらの証券の減価は、貨幣財産の集中のための強力な手段として作用する」(Marx1969：Ⅲ 485-6, 599) と。

このように見てくると、クラインが「災害資本主義」を規定して言う「破局的な出来事が発生した直後、災害処理をまたとない市場チャンスと捉え、公共領域にいっせいに群がるこのような襲撃的行為」をより学術的に表現することができるのである。すなわち、資本主義がその内包するメカニズムから経済的社会災害を生じさせあるいは自然災害を増幅させるとき、資本がそれらの災害処理をまたとない市場チャンスと捉え、公共領域と一体となってそれに群がり利益を上げていくことであり、またそれによって被災者と社会にとってぬきさしならない新たな災害が生みだされること、である。

3.3　「災害リスク削減」とリスクマネジメント

国連防災世界会議は、災害多発国である日本が主要な提案国として、第1回は横浜で1994年に開かれた。「横浜戦略」は「防災、備え、減災 natural disaster prevention, preparedness and mitigation」を基調とし、「リスク評価 risk assessment」は今後の課題であるとしている。大会名 "World Conference on Natural Disaster Reduction" には risk の文字はない。2005年の第2回会議（神戸）では「リスク削減 risk reduction」が重要な概念として登場している。しかし、同時に「減災」「特にコミュニティレベル」「災害による被害・損失の削減」などもうたわれている。しかし、2015年に仙台で開かれた第3回会議の大会名は "World Conference on Disaster Risk Reduction" となり、「災害リスク削減 disaster risk reduction」と「災害リスク管理 Managing the risk of disaster」が前面に出ている（内閣府「仙台防災枠組　2015-2030」参照）。

「Ⅳ. 優先行動　20. … 1. 災害リスクの理解；2. 災害リスクを管理する災害リスク・ガバナンスの強化；3. 強靭性 resilience のための災害リスク削減への投資；4. 効果的な災害対応への備えの向上と、復旧・復興過程における『より良い復興（Build Back Better）』」

これまで考えられてきた防災や減災はすべて「災害リスク削減」の言葉に統一され、「投資と費用対効果」という文脈におかれているのである。「Ⅲ指導原則 (j) 災害リスク情報を考

慮した公的・民間投資を通して、潜在的なリスク要因に対処することは、発災後の応急対応や復旧に第一義的に依存するよりも費用対効果があり、また持続可能な開発に資するものである。」

地域社会での防災活動の一つに「災害マップ」（「危険個所マップ」「ハザードマップ」）づくりがあるが、これは「リスクマップ」とは決して呼ばれない。リスクとは、発生確率に置き換えられた災害や危険であり、一定の資本額にとって防災の「費用対効果 cost and benefit」から見られた災害や危険である。まさにそれは「リスクマネジメント risk management」であり、災害を「危険×発生確率×費用対効果」という乗数でとらえようとするものである。これは、神戸市が「山を削り海を埋める」開発方式によって新しい安全な居住地を増やしたことを自ら高く評価し、インナーシティの「非戦災・密集住宅街区は自治体も居住者も危険なことは知っていた」がそれを放置したことをやむをえないとしたやり方である。そうしたリスクマネジメントの方法が国連防災会議において普遍化されているのである。

災害多発の時代に入り、しかも中央や地方の政府が財政難に見舞われている状況下においてリスクマネジメントの手法が防災行政の切り札になるということは理解できる。しかし、リスクマネジメントだけで防災や減災は遂行できないのである。確率がどうであれ、地震、風水害、火災などの災害被害が大きくならないようにどのように予防するか、また発生した時にどのように対応するかを行政と住民は考え実行しなければならない。これは確率の問題ではなく不断の作業であり、その営みがあってはじめて防災が可能となるのである[1]。

3.4 「釜石の奇跡」と釜石、石巻の悲劇

地域社会の現場におけるさまざまな防災の活動のなかで、阪神大震災における真野地区のまちづくりによる防災と減災の成果はまさに「神戸の奇跡」であった。地区改良において住宅更新と工場分離が行なわれ、企業の工場消防隊が地域の消火活動にあたる態勢がつくられていたのである。それが真野地区の被害を驚くべき小ささにおさえた。そして、東日本震災においては「釜石の奇跡」がある。釜石市のすべての小中学校は、群馬大学片田敏孝教授の指導のもとで防災教育と避難訓練を行なっていた。児童生徒は現在いる場所から直ちに連れ立って高台に逃げるという自己判断に基づく避難方法を常日頃から訓練し、その結果、震災時にはほとんどすべての生徒が助かったのである。このような「奇跡」を起こしたベースに、日常生活の現場から防災と減災をとらえる思想と実践があるのであり、リスクマネジメントからは生まれないものである。

逆に悲劇も多かった。東日本大震災において、釜石市では鵜住居地区防災センター、石巻市の大川小学校、日和幼稚園、山元町の常盤自動車学校など多くの住民や生徒の犠牲者が出た。それぞれの原因、要因について厳密に調査、分析が行われ、今後の防災と減災に生かされなければならない。原因をたんに地区自治会、学校・園の責任者のリスクマネジメントの失敗に求めるとすれば、それは肝心なことを見落とすことになる。現場では、それぞれの災害においてさまざまな危険が具体的に発生するのであり、その危険に対処する方法が具体的に策定されなければならない。マニュアルと呼ばれる避難方策が策定され周知され訓練を通

◆論　文

じて改善されなければならないが、それを可能にするのは住民や教師の自律的な判断力とコミュニケーションにほかならない。

　このように見てくると、リスクマネジメントという言葉と思想は自律的な判断を阻害する官僚主義的な性質をもっている。リスクマネジメントは、組織責任者が「費用対効果」を勘案して総括的に行う権能となり、構成員はマネジメントの対象となって現場において自発的に考え行動することを抑制され、依存的態度を強めるからである。

3.5　「災害カタストロフィ」とリスクマネジメント

　近年、カトリーナ、チェルノブイリ、福島原発などの大災害における激甚性は「災害カタストロフィ」という言葉で表わされている（後藤他 2014）。カタストロフィ（破局）的な災害は原発事故を典型としている。事故の発生確率はきわめて低いが、いったん発生すると人類規模での大きな被害が長期にわたってもたらされる。このような原発災害にはリスクマネジメントの限界性が明確に表れてくる。というのも「危険（被害の大きさ）×発生確率」として算定されるリスクは、発生確率がきわめて低く設定されるので、甚大な危険（被害の大きさ）が中位のリスクに丸められてしまうからである。くわえて「費用対効果」というマネジメント条件が前提的に入ってくるので、その傾向はさらに強化される。もちろんこのようなマネジメントでは、誰しも「万一にでも事故が発生したら大変だ」という不安をもちつづけることになるので、「安全神話」づくりという戦略が発動され、加えて地元には慰謝料として巨額な交付金が払われる。

　1971 年に運転開始した福島第一原発は、1960 年に福島県によって誘致され、東京電力の管外発電所として建設された。その後、第二原発も立地し、電源三法交付金は福島県に 143 億円（2010 年度、過去最高）交付され、1974 年から 2013 年の総額は 3168 億円に上る。これらは市町村に配分されるが、原発立地関係町には別途に国交付金が加わる。大熊町約 18 億円、楢葉町約 9 億円、双葉町約 8 億円など（2013 年）。（福島県 2014）

　この巨額な交付金は防災・減災を進めるために活用されるものではない。これは起こりうる危険の甚大性に対する事前賠償の性格をもっており、まさにリスクマネジメントの限界と本質をよく表している。それゆえ、災害カタストロフィを生じるような技術を人類は採用してはならない、というのがチェノブイリや 3.11 福島原発事故の教訓であろう。

3.6　東日本大震災の復興と災害資本主義

　東日本大震災の原発事故被災地を除く被災地について見ると、その復興方法にも当然ながら災害資本主義の支配が貫徹している。まず巨大防潮堤の建設であるが、これは 1000 年に一度の巨大地震に備えるために、景観と沿岸部漁業はじめ生活環境を激変させるものであり、また巨大な資金を必要とする。リスクマネジメントとの観点からさえも疑問の大きい施策である（粟野 , 2014:19-21）。また、嵩上げによる旧街区の復旧は多大な時間と費用を要するうえに、嵩上げ地盤の経年沈下は避けがたく定期的に土木補修工事を必要とするであろう。いずれも土木建設資本が利益をあげるしくみになっており、その意味でまさに災害便乗資本主義である。

ほんらい災害復興は原状を復旧することを基本とし、その上に新たな防災・減災の施策をつけ加えるべきものである。阪神大震災の経験からいえば、復興区画整理事業や市街地再開発は5年以内で完成できるような計画内容と手法が採用されるべきである。東日本大震災の場合、被災地域をそのまま街区として復旧すべきであり、津波の恐怖が心に焼きついて元の居住地に戻れない世帯には内陸部あるいは高台への移転を保障し、そのうえで被災街区に復興区画整理事業を施行し、戻らない世帯の土地を換地集約し、高層の公共建造物を建てて大地震の際に津波避難所へと転用できるような公共的施設を整備することが有効であると考えられる。

　そして、巨大防潮堤は建設せずに、早期津波警報システムを整備し（たとえば毎日新聞、2015年5月19日、阪大と東北大スパコン連携　津波広域予測20分で）、避難訓練を重ねて津波襲来に対処することである。

4　災害資本主義と人間性の歪曲

4.1　阪神大震災における被災者の人間性の歪曲

　災害資本主義は、自由な市場原理の実現を国家の力を利用して推進していくという新自由主義の基調をもっている。そこには、国家公共の資源が資本に優先的に提供され、被災者民衆は副次的な配分しか与えられないという基本的な問題がある。公共財の私的占有という論理である。これはきわめて根本的な矛盾であるから、国家と資本の側はそれを隠蔽あるいは正当化するためにさまざまな虚偽的なイデオロギーを生産し流布していく。

　阪神大震災においてはすでに見たように、被災者への公的な支援金は、給付はわずかであり、総額1兆4347億円が貸付けられた。まさに被災者は借金漬けにされたのである。国が災害給付金を否定する論理は「私的財産に税金で保障することはできない」というものであった。これに対して、被災者に個別的に給付金支援を行なうことが人権を保全する基本的な方法であり、家屋建設が進み街並みが復旧すれば社会的費用の節約にもなる、という反論が行なわれた。そして、大きな運動が展開していった。被災者は倒壊家屋に対する保障を求め、全国の市民と団体も呼応し、震災から3年3か月を経て「被災者生活再建支援法」が成立した。当初は上限100万円で住宅再建には使えなかったが、その後災害の多発と市民と当該自治体の努力で改正が重ねられ、2007年には全壊世帯等の住宅再建等に最大300万円が給付されることになった（津久井進 2015: 156-9）。阪神大震災の被災者には適用されなかったが、そこから始まる市民の運動の成果は歴史的なものになった。

　次にふれておくべきは「弱者救済」という名の被災者のふるい分けである。避難所から応急仮設住宅への移転に際して国は、神戸市の健常者もともに移転させるという方針を抑えて、高齢者、障害者、母子家庭という弱者を優先して仮設住宅へ入れるように通達した。それ以外の避難者は望んでいた仮設住宅への早期移転を否定されて、「われわれは救済してもらえないのだ」と避難所を出て行く人も生じ、避難者の気持ちもバラバラになっていった。そして、結果的に、弱者が仮設住宅から復興公営住宅へと優先的に収容されていき、弱者ばかりの居住施設で孤独化が進み孤独死の増加へとつながった（応急仮設住宅で233人、災害公営

住宅で 2013 年までで 824 人（神戸新聞 2014 年 4 月 24 日）。国は、「弱者優先」という耳触りの良い言葉で現場自治体の判断と被災者の要求を抑圧し、結果的に弱者を弱者として再生産していったのである。

　東日本大震災においては、被災者を弱者とは認めない、という公言がなされた。『東北ショック・ドクトリン』を著した古川美穂は、東北メディカル・メガバンク構想の問題性を宮城県の水産特区、仙台空港民営化などとともに明快にとらえた。人間を対象とした医学研究の国際的倫理指針である「ヘルシンキ宣言」には「不利な立場またはぜい弱な人々あるいは地域社会」では医学研究の対象にしてはならないことをうたっているが、宮城県知事は「この事業は国家プロジェクトであり、被災者の状況を捉え、同宣言の『社会的弱者』に該当するものとは言い難いと考えます」といっている（古川, 2015:37）。ここにも、被災者を弱者と見なさない為政者の思想が貫かれている。

4.2　「創造的復興」という名の災害資本主義の美化

　井戸兵庫県知事はいう。「一瞬にして六千人を超えるかけがえのない命が失われ、ふるさと兵庫に深い傷跡を残した阪神・淡路大震災。あの日から十年が経過しようとしています。／創造的復興をめざし、灰の中から甦る不死鳥の名前を冠した復興計画『フェニックス計画』もいよいよ最終段階を迎え、ちょうど今、復興十年を総括する検証作業が進められています…」（阪神・淡路大震災記念協会, 2005, 出版に寄せて）。

　東日本大震災の復興の大テーマとなっている「創造的復興」はここに源を発している。「創造的復興」の「創造的」には、しかしながら、「過去のことは知ったことではない」という過去清算の含意がある。恐慌が資本の矛盾を清算し、資本が「灰の中から甦る不死鳥」のように新たな循環を再形成する必須の契機であるように、災害も都市経営資本がその第 2 次循環の新たな再生産軌道を形成していく跳躍台となるのである。

　2015 年 3 月に第 3 回国連防災世界会議が仙台で開かれた。そこで採択された「仙台防災枠組み 2015-2030」には、「Build Back Better」という言葉が基調としてでてくる。日本政府はこれを「より良い復興」と訳している。ほんらいの「より良い復旧」とは意味合いが大きく異なり、それは「創造的復興」へと言葉をつないでいく布石となっている。このようにして「創造的復興」は災害便乗資本主義を覆い隠す美しい言葉となるのである。

4.3　「自己責任」ならびに「自主避難」　—自発性概念の政策的操作

　今日の虚偽イデオロギーの最たるものは「自己責任」である。「自己責任」という言葉はまさに人間の内面の自由において意味をもつものであるが、これが新自由主義的な文脈で使われるようになると、他者としての強者が人々の内面に押し入ってくる。企業においてはノルマを自発的に果たしその結果に責任をもつよう従業員に強制するものとなり、経営者や管理職は負うべき責任を従業員に委譲していく。これと裏腹に、責任を取るべきトップが責任を取らないという無責任体系が助長され、企業不祥事が頻発している。ほんらい「責任」という言葉こそが重要であるのに、「自己責任」に置き換えられることによって真の責任があいまいにされている。

「自主避難」もそのような系列にある。原発事故からの避難は、住民にとっては強いられた避難であり不本意避難であるにもかかわらず、「強制避難」住民のみが原発被災の避難住民と公認されている。被災者の避難の権利は否定される。阪神大震災における「弱者救済」と同様に被災者の切り捨てが行なわれているのである。

他方で、市民の真に自主的な活動は、真綿でくるむように抑制されていく。それは被災者支援の NGO リーダー村井雅清が一貫して危惧していることである。阪神大震災以後、さまざまな被災現場で直後にセンターが立ち上げられ、その指示のもとにボランティア活動が行なわれるようになり、支援活動のコントロールとマニュアル化が進められた。また、1998年のNPO法制定を通じてボランティア活動の行政下請け化や「秩序化のドライブ」が強められている。村井は、関東大震災以降、多くの災害救援のボランティア活動が歴史的にあったにもかかわらず、また第1号の民間ボランティア団体として大阪ボランティア協会が1960年代に発足しているにもかかわらず、1995年が「ボランティア元年」とされたことには国の政策的意図があったのではないかと問う。「国はボランティアを活用しようと考えたのではないかと透けて見えてくる。NPO法から少し遅れて、介護保険事業が制度化された経緯と照らし合わせれば理解できる」。そして、「阪神・淡路大震災でも、広島水害でも共通するのは、個人の初心者ボランティアが、自発的に動いたということである」（村井 2015：26-28）といい、組織だった活動を優先させるよりもボランティアの自発性と多様性の尊重が第一義とされるべきである、と主張している。

4.4 「レジリエンス」という概念

上記の第3回国際防災会議でも、「強靱性 resilience のための災害リスク削減への投資」が表明されているが、今や原発事故被災地域の復興において「強靱性 resilience」という言葉が使われ始めている。resilience は物理学概念を心理学的に転用した概念であり、さらにそれを社会次元に利用しようとするものである。2003年の世界経済フォーラムで提示された「レジリエンス（Government's Risk Management Effectiveness）×経済的競争力」の座標図において、「米国、イギリス、ドイツ、スイスを始めとした G8、G20 の先進国各国は、国際競争力と危機管理力、レジリエンスは正比例しています。…日本は例外的存在となりました。経済的な競争力に比べレジリエンスに関する国家の能力が著しく劣ってしまっているのです」（蛭間 2015）という状態であった。この国際的汚名に危機感をもった日本政府は、2013年12月に「国土強靱化基本法」を策定した。きわめて網羅的な防災の総合施策であるが、その性格は現場で進められている施策を見れば明らかとなる。

その施策の一つが放射能汚染の避難指示解除準備区域への帰還である。楢葉町の場合、宅地の空間線量は安全基準とされる 1mSv をかなり上回っており、加えて町の水道水源には高濃度の放射性物質が沈殿したままである。セシル・浅沼＝ブリスは、原発事故の関連死者（1170人）や子どもの甲状腺癌の多発を示し、汚染地域への帰還に警鐘を鳴らし、避難の権利の保障を提起している（セシル・浅沼＝ブリス 2014: 104-7）。そして、「最近では、福島に関する数多くの研究が、ひとつの解決策として弾力的回復（resilience）という方法論を提起している。最新の文科省白書のタイトルは、"Toward a Robust and Resilience Society"（「強

◆論　文

靭でしなやかな社会に向けて」）である。…この観点からみるとき、弾力的回復能力をもつ共同体とは、トラウマ的な出来事や災害の後にも、生活、労働、成長を持続する能力をもつ共同体とみなされうる」（浅沼＝ブリス，2015：76-77）といっている。放射能汚染区域への帰還を原発被災者のいわば心理的強靭化（resilience）を要請しながら政府が進めていることについて批判しているのである。災害資本主義はレジリエンスの概念を国土 national と心理 psychological の二つのレベルで活用しながら、そのリスクマネジメントの手法を洗練しようとしているのである。

おわりに ―― 歴史に織り込まれる大災害

　大災害は歴史のなかに織り込まれ、また歴史を変えていく。1991年のバブル崩壊とソ連邦崩壊という国内外の大変動の後に阪神大震災が起きた。その1995年にアメリカのルービン財務長官が「強いドル」政策を打ちだし、金融グローバル化による「新自由主義」の新たな段階が始まった。日本の政府と財界もそれに呼応して1999年派遣労働の事実上の自由化、2001～2006年の小泉内閣の「聖域なき構造改革」へと展開させた。そして、金融グローバル化の矛盾は2008年の世界金融恐慌として暴発した。日本では金融資産非保有世帯は1987年の3.3%から2013年の31.0%へと激増し、圧倒的な貧困化が進行した。阪神大震災の被災者の生活復興の過程は、大きな借金を負わされながらこのような逆境のなかに置かれ続けた。

　そういう中、2011年3月11日に東日本大震災が起きた。死者数で阪神の約3倍の巨大災害であった。その復興について、玄田有史によれば、リーマンショックという未曾有の危機から日浅くして起こったという「幸運」（玄田、218頁）があったという。リーマンショックからの立ち直りのための政府の雇用調整助成金、雇用創出基金事業などが震災復興の緊急雇用創出事業へとスムースにつながったという。しかし、もちろんリーマンショックも東日本震災も災害資本主義におけるリスクマネジメントとショック・ドクトリンの施策対象である。そのような文脈のなかで、「東日本大震災復興」という名分のもとに2020年の東京五輪招致が行われ、その開発主義政策によって震災復興に停滞が引き起こされているのである。

　前述の池田清は、東日本大震災を歴史のなかでとらえるために、関東大震災（1923年）から大東亜戦争への過程を考察し、1930年代と今日が経済状況において酷似しているという。「政府債務の対 GDP 比率」において、1932年の50%強から1944年205%への急増、1992年の50%から2010年200%への急増が見られ、また経済格差を表わすジニ係数も0.5を超える増大のなかにあることを示している。そして、関東大震災の復興過程において、「戒厳令、治安維持法による言論、表現、思想・信条の自由の弾圧、軍閥の増長」、「後藤新平の復興都市計画が…失業や中小零細企業の倒産を増加させたこと」、「財閥の利益を偏重した震災手形割引令が昭和金融恐慌の引き金になったこと」をあげている。そして、「昭和恐慌が、経済危機のみならず国内的にはファシズム、国外的には満州事変にはじまる一五年戦争の引き金になったことを想起すれば、関東大震災の復興の問題が、一五年戦争の序曲ともいうべき位置をしめるのではないか」と問いかけている（池田清 2014a: 224-232）。

　今日、安倍政権のもとで秘密保護法、集団的自衛権による「安全保障法制」の制定が行な

われた。たしかに政治的状況も当時と似てきている。東日本大震災が次なる戦争の「序曲」になることは、是非にも避けられなければならない。

注

(1) 本論文出稿後の2016年1月4日の朝日新聞に「地震予測地図 防災行動につながらず」という調査紹介記事が載った。さっそく調査者の東京都市大学の広田すみれ教授にお願いし、地震学会(2015年秋季大会)報告「地震予測地図の確率はどう認知されているのか」等を送っていただいた。調査は2015年3月に行なわれ1400名の回答を得ている。自分の地域の地震予測確率を色で表示した地図を見たグループの46〜49%が「非常に怖い」と答え、地図を見ないグループの29%に対して有意差があった。しかし、「防災行動を取ろうと思うか」との13項目にわたる質問への回答において両グループの間に有意差は認められなかった。「地震動予測地図を見てリスク認知が高くなったとしても、行動意図には結びつかない」という結論が得られている。

参考文献

浅沼＝ブリス, セシル, 2014, 「原子力カタストロフの際に原子力国家が移住避難に対し行う管理について」『神奈川大学評論』第79号, 96-110.

浅沼＝ブリス, セシル, 2015, 「忘れられゆくものの記憶」――弾力的回復（レジリエンス）への抵抗の一形態」『死生学・応用倫理研究』第20号, 東京大出版, 73-82.

粟野仁雄, 2014a,「阪神・淡路大震災から19年 神戸市長田区に見る「復興災害」」『週刊金曜日』975号, 30-32.

粟野仁雄, 2014b,「震災後に強引に進められているコンクリートの巨大防潮堤建設」『自然と人間』2014.5, 19-21.

出口俊一, 2015, 「新長田南地区再開発の現状と課題」塩崎賢明他『大震災20年と復興災害』クリエイツかもがわ, 44-49.

福島県, 2014, 「福島県における電源立地地域対策交付金等に関する資料」平成26年度.

古川美穂, 2015, 『東北ショック・ドクトリン』岩波書店.

玄田有史, 2015, 『危機と雇用』岩波書店.

後藤宣代他, 2014, 『カタストロフィーの経済思想』昭和堂.

阪神・淡路大震災記念協会, 2005, 『阪神大震災10周年記念誌 翔べフェニックス 創造的復興への奇跡』.

蛭間芳樹, 2015, https://mirai.doda.jp/theme/resilience/resilience_keyword/.

池田清, 2014a, 「カタストロフィーから憲法による復興へ」前出『カタストロフィーの経済思想』, 194-252.

池田清, 2014b, 『災害資本主義と「復興災害」』昭和堂.

岩崎信彦, 2002, 「市民社会とリスク認識――阪神大震災の意味するもの」『社会学評論』52巻4号, 59-74.

岩崎信彦, 2015, 『21世紀の資本論――マルクスは甦る』御茶の水書房.

Klein, Naomi, 2007, *The Shock Doctrine The Rise of Disaster Capitalism*, Metropolitan Books.（=2011, クライン, ナオミ, 幾島他訳『ショックドクトリン――惨事便乗型資本主義の正体を暴く』岩波書店.）

Marx, Karl, 1969, *Das Kapital*, Dietz Verlag.（=1965, 大内兵衛他監訳『資本論』マルクス＝エンゲルス

◆論　　文

　　　全集 23 〜 25 巻，大月書店．）
村井雅清, 2015,「ボランティアは災害後の市民社会への道筋を拓いたか？」似田貝香門・吉原直樹
　　　編『震災と市民 2 支援とケア』東京大学出版会, 25-29.
額田勲, 1999,『孤独死』岩波書店．
震災復興総括検証研究会, 2000,『神戸市震災復興総括・検証　安全都市分野　報告書』．
塩崎賢明他, 2002,『大震災 100 の教訓』クリエイツかもがわ．
塩崎賢明他, 2010,『大震災 15 年と復興の備え』クリエイツかもがわ．
高田富三, 2015,「神戸空港──「希望の星」から「赤字の星」へ」塩崎賢明他『大震災 20 年と復興災害』,
　　　62-65.
高寄昇三, 1996,「復興事業と基本戦略」神戸都市問題研究所編『震災復興の理論と実践』勁草書房,
　　　3-20.
津久井進, 2015,「被災者支援法のこれまでとこれから」塩崎賢明他『大震災 20 年と復興災害』,
　　　156-159.

◆論文

仮設住宅におけるコミュニティ形成を再考する
――東日本大震災「あすと長町仮設住宅」における生活課題とネットワークの展開――

齊藤康則

1　はじめに

1.1　問題の所在――仮設住宅コミュニティをめぐる社会学のテーマ設定

　自然災害により住まいを奪われた被災者は避難所生活の後,応急仮設住宅（以下,仮設住宅）に入居することになるが,この仮設住宅におけるコミュニティ形成は阪神・淡路大震災（1995年）を契機として注目を集めるようになったテーマである．というのも多くの仮設住宅が従前居住地から遠く離れた土地に建設された阪神・淡路大震災では,行政が被災者間の公平性を担保するため抽選により入居者を決定する一方,高齢者・障害者など災害弱者を優先的に入居させた結果,「孤独死」に象徴される被災者の社会的孤立が深刻な社会問題となったからである．「要援護者のコミュニティ」（山下・菅 2002）とも形容された仮設住宅のコミュニティ形成について,これまで社会学は何を語り,何を語って来なかったのだろうか．

　たしかに社会学は仮設団地のコミュニティ形成をめぐるモノグラフを書き残してきた．たとえば柴田和子（1997）は仮設自治会（単会）の結成と行政に対する住環境の整備要求,単会を束ねる自治会連合会の発足について取り上げている．野田隆（1997）は仮設入居者へのアンケート結果から「ふれあいセンター」を通して親密なコミュニティが短期間に形成される一方,仮設自治会の活発な活動が近隣地域との関係構築に寄与した点を計量的に明らかにしている．そして,山下祐介・菅磨志保（2002）は3つの仮設団地を比較し,入居者の支援と組織化のプロセスをボランティア主導・地域住民主導・自治会主導という3つの類型により分析している．だが,以上のような研究は仮設住宅の「入居開始期」を明らかにしたものの,仮設生活の長期化に伴うコミュニティの展開,変容を視野の外に置くことになった．

　阪神・淡路大震災の仮設住宅政策を振り返り,横田尚俊は「大規模な都市災害発生時の応急避難生活を,地域性に配慮したかたちで維持していくことはできないのか」（横田 1999：273）と問題提起する．これに対する1つの回答として,中越地震（2004年）で導入された「コミュニティ型入居」を挙げることができる．阪神・淡路大震災で相次いだ「孤独死」への反省から,中越地震の被災自治体は従前の集落近くに土地を確保し,集落単位で仮設住宅に入居する仕組みを導入したのである．だが,中越地震からの復興過程を詳細に著した松井克浩（2008）においても,従前町内会をベースとした避難所運営,山の暮らしの再生（帰村／離村）に多くの頁が割かれる一方,仮設住宅コミュニティへの言及はほとんど見当たらない．「人のつながり,土地とのつながり,生業の継続」という観点から「コミュニティ型」の含意を検討（古屋ほか 2010）し,仮設団地の閉鎖性・排他性・相互監視といった「コミュニティ

◆論　文

型入居」の問題点を指摘（長谷川ほか 2007）したのは都市工学系の研究者であった．

　社会学はなぜ仮設住宅コミュニティの「入り口」を取り上げる一方，その後の展開を論じて来なかったのだろうか．そこには仮設住宅を「暫定的な生活の場」（菅 2007）と位置づける災害社会学の研究視角も影響していよう．たしかに仮設住宅は避難所から恒久住宅へと至る住生活の再建過程の中で，被災者が期間限定の生活を送る仮住まいではある．だが，仮設生活が長期化する中，被災者は「居室としての仮設住宅」だけでなく「仮設住宅のある地域社会」に住むという様相を強めていく．それゆえ，上記の暫定性が強く受け取られれば，仮設住宅コミュニティが行政との連絡調整，高齢入居者の見守り，仮設入居者の親睦・交流といった定型役割を超えて，「仮設住宅で親しくなった人々で……仮設のコミュニティを継続する」（室崎 1997：126）ような，入居者の主体化のプロセスに照準するのは難しくなる．

　また，東日本大震災（2011 年）では仮設住宅コミュニティの「上からの組織化」も問題化している[1]．政府は発災翌日の「避難所の生活環境の整備及び応急仮設住宅の設置等による避難所の早期解消について」（厚生労働省）以降，従前のコミュニティを重視した仮設住宅への入居方針を矢継ぎ早に打ち出す一方，被災自治体には兵庫県・新潟県の応援職員を介して「コミュニティ型入居」のアドバイスがもたらされている．その結果，仮設自治会の組織率は発災 9 ヶ月後に 99％の高率を示すことになった．だが，こうした「上からの組織化」が被災自治体の復興政策に親和的な，仮設住宅コミュニティの包摂に帰結するのであれば，入居者自身が「仮設後」の暮らしを構想し，合意形成を図る余地は限定されることになる．

　どちらかと言えば東日本大震災では「コミュニティ型」の仮設住宅が多く見られる中，本稿が取り上げる「あすと長町仮設住宅」（以下「あすと仮設」）は県外の市町村からも，被災状況を異にする避難者が単独入居した特異な仮設住宅ではある．だが，大規模災害が発生した場合，周辺の被災自治体から避難者が個別に流入するであろう政令指定都市・中核市など拠点的な自治体は，こうした特異性に直面する可能性が高いともいえる．事例研究を通して本稿が明らかにするのは，仮設入居を起点とする被災者同士の関係形成を可能にしたのはどのような要因か（2・3 節），仮設住宅コミュニティが直面する課題に対して（仮設外部と）どのようなネットワークが構築されたか（4 節），という点である．以下では「あすと仮設」の取り組みを「入居開始期」「関係形成期」「自治活動期」「仮設退去期」の 4 つに区分しながら（表 1），各時期に生起した生活課題とネットワークを中心に記述，分析したうえで，「下

表 1　「あすと長町仮設住宅」コミュニティの展開

入居開始期（2011/04 〜 2011/08）	隣人トラブルの発生と「運営委員会」の結成
① 仮設住宅入居者の関係形成……パーソナルサポートセンター，長町まざらいん	
② 市民協働型の見守り体制の構築……仙台市市民協働推進課，パーソナルサポートセンター（絆支援員）	
関係形成期（2011/09 〜 2012/03）	「クラブ活動」の活発化と「自治会」への移行
① 住環境の整備・改善要求……仙台市あすと長町整備事務所，太白区まちづくり推進課	
②「クラブ活動」の簇生……エーキューブ，花と緑の力で 3.11 プロジェクト，エマオ	
自治活動期（2012/04 〜 2014/12）	見守り体制の転換と「仮設後」の暮らしの構想
①「自治会」による見守り体制の転換……長町病院，東北大学心理・社会支援対策室	
②「考える会」による「仮設後」の暮らしの構想……東北工業大学 A 研究室，仙台市都市整備局復興公営住宅室	
仮設退去期（2015/01 〜）	「自治会」の解散と復興公営住宅への入居
① 復興公営住宅入居者の関係形成……あすと長町復興公営住宅支援者連絡会	
② まちづくりイベント，入居者ニーズの調査……「考える会」，東北工業大学 A 研究室，長町まざらいん	

からの組織化」の意味について考察を試みるものである（6節）[2].

1.2　対象地域の抄史――「仙台の下町」から「あすと長町」へ

　仙台市内で最初のプレハブ仮設の建設は2011年3月下旬，太白区の中心部，長町駅の東側に広がる大規模再開発地域「あすと長町」でスタートした．津波浸水により仮設団地が建設可能な公有地が限られる中，発災から2週間後に槌音を響かせることができた背景には，「あすと」（「明日」「us」「都」の造語）という愛称を付けられたこの再開発地域が，大規模な更地として長らく「塩漬け」されてきたという皮肉がある．「あすと仮設」におけるコミュニティ形成を論述するのに先立ち，まずは長町という地域の歴史を紐解くことから始めよう[3].

　1950年代，長町青果市場を中心として八百屋・果物店が軒を並べ，仙台市電・秋保電鉄のターミナル駅として多くの人々で賑わいを見せていた「仙台の下町」長町．この当時，駅東側は国鉄の貨物ヤードや東北ゴム・北日本電線などの工場が集積する物流拠点・工業用地であった．だが，まもなく秋保電鉄は廃線，青果市場も移転となり，長町駅西側の古くからの商店街は衰退をはじめる．駅東側も変化を免れなかった．1980年代には貨物ヤードと工場群が他の地域（宮城野区など）へ移転し，そこには大規模な空地が広がったのである．

　そこで仙台市は1987年，この貨物ヤード・機械工場の集積跡地を対象とした「長町副都心構想」を提示し，その10年後，都市基盤整備公団（現在の都市再生機構）とともに「あすと長町土地区画整理事業」に着手する．1998年に策定された「仙台市基本計画（21プラン）」によれば，それは地区面積92ヘクタール，総事業費1,190億円，居住7,500人・就業33,000人という人口計画からなる一大プロジェクトであり，長町地区の活性化だけでなく「21世紀都市・仙台」の象徴的存在としても期待を寄せられていたことがわかる（朝隈2007）.

　この都市機能更新型の再開発事業により東北本線の高架化，新駅（太子堂駅）の建設が行われる反面，この間の財政難により目玉とされたクラシック専用ホール「音楽堂」の建設は凍結（2002年）．市長交代により，中国系の投資グループによる大型商業施設「仙台空中中華街」の構想も頓挫する（2005年）．その後，市立病院の移転計画，大型商業施設・スポーツ複合施設の建設計画が相次いで発表されたものの，仙台市内のマンション・オフィスの供給過剰を背景として，長町駅近くの大規模区画は3年連続で応札ゼロを記録している．

　10余年の紆余曲折を経たこの再開発地域にとって，東日本大震災は大きな転換点となる．都市再生機構等が所有する約10ヘクタールの土地には，仙台市との協議により「あすと仮設」（計233戸）が建設された．仮設周辺の土地区画整理事業地では「あすと長町第1～第3復興公営住宅」（計324戸）も建設され，2015年4月に入居がスタートしている．それだけではない．「あすと長町まちづくり基本方針」（2002年）により商業・業務系へ用途制限されてきた土地利用は，仙台市都市計画審議会の意思決定（2011年12月）により住居系用途も可能となり，大手デベロッパーによる高層マンションの建設が相次ぐことになった．

◆論　文

2　入居開始期

2.1　本庁−区役所関係の隙間に置かれた「見捨てられた仮設」

　2011年4月下旬，「コミュニティ型入居」により「あすと仮設」の住民となり，自治会の前身にあたる「あすと長町仮設住宅運営委員会」（以下「運営委員会」）の会長を務めることになったSさん（70歳代男性）は，この仮設団地が入居当初「見捨てられた仮設」（2015/08/21）であったと振り返る．JR・地下鉄の交通アクセスに恵まれ，近隣に大型商業施設もオープンするなど周辺環境が比較的整備されている点を考慮に入れると，この「見捨てられた」という発言の含意を理解することは難しい．仙台市内のプレハブ仮設がこれ以降，工業団地周辺の公園や農村部のグラウンドに建てられた事実を考え合わせれば，尚更のことである．

　あらためて入居者の目線から考える必要があるのは，次のような地域認識であろう．この仮設団地が建設されたのは既存の住宅地から少し離れた業務系の再開発地域の真ん中，「町内会の空白地域」（2015/01/22 太白区まちづくり推進課）であり，周辺の長町・郡山地区の地域住民組織からのサポートを期待しにくい状況にあった．また，彼（女）らが震災以前に居住していた地域からは10キロほど距離があり，津波浸水した宮城野区・若林区からの区境をまたぐ二次避難が，従前居住地の隣近所，町内会との関係維持を難しくした側面も認められる．被災当事者のこうした場所感覚から捉えられた，主観的ともいえる立地条件の悪さが「見捨てられた仮設」というリアリティを構成したと，ひとまずは言うことができよう．

　同時にプレハブ仮設の建設，被災者の生活支援をめぐる本庁主導の行政過程も，そこには大きな影を落としている．本庁では都市整備局（仮設立地選定担当班）がインフラの整備状況，周辺地域の住環境を考慮しながらプレハブ仮設の建設場所を検討し，健康福祉局（仮設住宅調整室）は孤独死を防止する観点から，複数世帯による「コミュニティ型入居」の方針を固めていった．また，市民局（市民協働推進課）は福祉系NPOにより設立された一般社団法人「パーソナルサポートセンター」（以下「PSC」）と協議し，仮設入居者を対象とした「安心見守り協働事業」の枠組みを整えている．それに対して，青葉・宮城野・若林・太白・泉の5区役所はこの間，（指定）避難所の運営に24時間体制で従事することになった．

　以上のような本庁−区役所の役割分担について，本庁職員は「区役所制度が被災者対応というかたちで機能した．かりに被災者が市役所に押し寄せていたらパニックとなり，業務ができなかったのではないか」（2012/03/16 仙台市都市整備局）と述懐する．だが，仮設住宅の建設についても被災者支援のあり方についても「区役所がタッチしない間に進んでいた……副区長・次長クラスが出席する会議の中で決まっていった」（2015/01/22 太白区まちづくり推進課）ことの弊害もまた，以下に述べるように大きなものであった．

　太白区では4月以降も避難所が残される一方，丘陵部に開発された住宅団地の地すべり，地盤崩壊が問題化していたが，「あすと仮設」の完成と第一陣の「コミュニティ型入居」は，まさに区役所職員が避難所運営と内陸被災への対応に追われていた4月下旬の出来事なのである．その後「あすと仮設」の担当に決まったまちづくり推進課も，この時点では「ここ（注：「あすと仮設」）は誰が管理するんだ」（2015/01/22）という雰囲気であったという．こうして臨時職員が配置される8月初旬までの約3ヶ月間，「あすと仮設」では地元区役所が不在

となる異常事態が続き，それがこの仮設団地の「見捨てられ」感を増幅したのである．

2.2 「コミュニティ型入居」の実際――「ひとのわ」の場合

　仙台市では4月中旬，従来型のプレハブ仮設，借り上げ民間賃貸住宅，借り上げ公営住宅からなる3種類の仮設住宅について入居者募集がスタートした．だが，この時点で入居できるプレハブ仮設は「あすと仮設」1ヶ所に限られ，「コミュニティ型入居」の導入により10世帯以上のグループでの入居が要件とされた．行政サイドは「あすと長町」の利便性により多数の希望者を見込んでいたが，予想に反して申し込みは低迷する．蓋を開けてみれば荒浜新町（若林区）の住民を中心とする「ひとのわ」（10世帯），荒浜新町と沿岸の旧集落（荒浜4町内）の住民からなる「荒浜」（6世帯），そして地震により全壊した分譲マンション（宮城野区）の居住者による「サニーハイツ高砂」（9世帯）の入居決定に止まったのである．

　このうち「ひとのわ」は次のように結成されたという．まとめ役となったSさん（70歳代男性．その後「運営委員会」会長）は荒浜新町の人々の避難先となった体育館で，市職員から仮設住宅の入居者募集が告知されると，避難スペースを接していた3家族に「（「あすと仮設」に）行きませんか」と声をかけた．もちろん4世帯だけでは「コミュニティ型入居」の条件を満たすことができない．そこで，Sさんは館内放送で「あすと長町仮設住宅に入りたいが，数が足りない」旨，発信したのだという．呼びかけに応じた5つの家族は知り合い同士であり，うち3家族はSさんの妻を通して震災以前から面識があった．そこに，町内会長からの依頼により他地域で被災した1家族が加わり，「ひとのわ」グループが誕生する．残る2つのグループも災前，「向こう三軒両隣」のような関係にあった人々ではなく，数週間にわたる避難所生活の中で知り合いになった，言わば「弱連結」（塩原1994）の集団である．

　こうして「あすと仮設」に入居することになった25世帯を最初にサポートしたのは，以降も「あすと仮設」に関わっていく市民団体と，大学教員など専門職ボランティアである．このうち市の委託事業として「安心見守り協働事業」を展開する「PSC」は「隣人祭り」を模した顔合わせ会を，長町で10年来ミニコミ紙を発行してきた任意団体「長町まざらいん」は「ふれあいサロン」を，それぞれ5〜6月の「入居開始期」に開いている．一方，東北工業大学A准教授は研究室の学生を中心として「仮設カスタマイズお助け隊」を組織し，「収納が無くて困っている」入居者に対して軒先収納・縁台・室内棚を製作することになった．

　仮設外部からの働きかけとは対照的に，入居者自身の動きは低調であった．後に「運営委員会」のリーダーとなるSさんも「（注：当時は）入ったばかりで旗振り役になろうなんて思っていなかった．『運営委員会』を作ろうなんて考えてもみなかった」（2015/08/21）．だが，ひとたび雨が降れば仮設内の通路が水浸しになるなど，居住環境の劣悪さは日に日に問題化しつつあった．地元区役所の担当部局が決定していなかった当時，（再開発現場のトップとしての責任感から）頻繁にプレハブ仮設に足を運んでいたあすと長町整備事務所O所長に対してインフォーマルに改善を求める状況であり，根本的な問題解決には至らなかったという．

2.3 危機的状況からの組織化――「運営委員会」の結成

　5月中旬の第二次募集において，他に先駆けて「コミュニティ型入居」の要件が外された

◆論　文

　「あすと仮設」には，太白区内の「八本松・長町」（7世帯），「郡山6丁目」（6世帯）という2つのグループだけでなく，気仙沼・南三陸・石巻・南相馬など地域性を異にする複数の被災地から，（第三次募集も合わせれば）200弱の世帯が単独入居する．震災以前の生活経験と被災状況を異にする人々の混住化は「比較的裕福な，安定した人生を送ってきた被災者と，貧困・ひきこもり・精神疾患など複数の問題を抱えた人々が隣人同士になる」（2015/07/22「PSC」前事務局長）とされる不安定な状況を生み出すことになった．

　その結果「あすと仮設」では「ゴツゴツした大きな石のぶつかり合い」（2015/07/29「自治会」会長）が引き起こされる．駐車場・ゴミ出しのルールが守られない等の隣人トラブルにはじまり，朝から酒を飲んで徘徊する，棒を振り回して他者を恫喝するといった問題行動が日常的となり，仮設団地は「スラム化」（2013/12/10 同）したも同然だったという．当初，入居者の組織化に消極的だった「ひとのわ」リーダーのSさんも，「(注：仮設団地の) 中のゴタゴタを統制して，周囲に受け容れられないとまずい」（2015/08/21）と翻意したのである．

　それまで挨拶を交わす程度だった「コミュニティ型入居」の5グループは，こうして段階的な組織化を遂げることになる．「『ひとのわ』グループに何かあった場合は，俺が彼らの家族を守らなければならない」（2015/08/21）との決意から立ち上がったSさんは，自身が所属する「『ひとのわ』グループを膨らませていこう」（同）と考え，はじめに「荒浜」グループに声をかける．2つのグループは従前居住地が隣接する「お知り合い」（同）であり，自宅が土台だけを残して津波に流され，災害危険区域の指定により現地再建ができなくなった点でも「同じ境遇」（同）に置かれていた．両者は地域の共同性，被災の共通性を背景として8月上旬，「あすと長町仮設ひとのわコミュニティーグループ」として合併する．

　その後，「新しいコミュニティーの話し合い」という趣意書を手に，Sさんは「サニーハイツ高砂」そして「八本松・長町」「郡山6丁目」の各グループにも参加を呼びかけていく．

　　　仮設住宅の住人も日々増え，問題発生も多様化して来ています．しかし，行政の対応
　　　は見て見ぬふりの状態です．（中略）行政からは，あすと長町仮設に対し，新たに住人
　　　コミュニティーを作る道筋，誘導，指導の提案がありません．コミュニティー入居条件
　　　を守って入居した我々グループが合同合併し新しいコミュニティーを作る以外に方法が
　　　ありません．

　8月下旬，「コミュニティ型入居」の5グループから運営委員を2名ずつ選出し，会長1名・副会長2名体制の「運営委員会」が発足する．1週間後には77世帯が設立に賛同の意思を示したという．だが，会長をはじめ運営委員には役員経験者がゼロだった．会則を作成しようにもメンバーはノウハウを持ち合わせていなかったのである．そうした状況にあった「運営委員会」が3人目の副会長として迎えたのが，前住地（七ヶ浜町）で町内会副会長の経験があり，区職員を通して協力を申し出ていた第三次入居のIさん（50歳代男性）である．

3 関係形成期——「クラブ活動」の活発化と「自治会」への移行

「運営委員会」が町内会・自治会を名乗らなかったのには 2 つの理由がある．プレハブ仮設の住宅水準は当初あまりに低く，寒さ対策（二重サッシ，追い炊き機能など）の追加，住棟間・駐車場の舗装などが必要とされる状況だった．行政への要望が約 20 項目ある中，「町内会・自治会にすると行政の紐付きになってしまう．それでは要望が通らないのではないか」（2015/07/29「自治会」会長），リーダーはそのように考えたという．2011 年 9 月以降，月 1 回のペースで太白区まちづくり推進課と協議することになったが，その様子は「労使間交渉」（同），「団体交渉」（2015/08/21「運営委員会」会長）という社会運動の比喩で表現される対立の連続だった．背景には「見捨てられた仮設」を生み出した行政への不信感が大きい．

もう 1 つは大多数を占めた単独入居者との関係である．「運営委員会」の中心は「コミュニティ型入居」の 38 世帯であり，数字的には脆弱な基盤である．その中で「運営委員会」が町内会・自治会という（オーソライズされた印象を与える）名称を用いれば，反発する入居者が「小さなグループ」「第二組合，第三組合」（2015/08/21「運営委員会」会長）を結成し，形成途上のコミュニティが空中分解する事態も懸念された．そこで，リーダーは仮設団地を 30 〜 40 世帯ごとに 6 つのブロックに分け，「運営委員会」にくわえて「ブロック長会議」を設置し，できるだけ多くの入居者が意思決定に参加できる環境を作ろうと考えた．

こうして「運営委員会」への賛同は 2011 年末までに 8 割に達し，太白区役所との関係も当初の「紐付き」への拒否感が和らいだことから，役員層は「自治会」への移行を決意する．2012 年 3 月の「自治会」設立総会では療養のため会長を退く S さんに代わり，それまで副会長を務めてきた I さんが会長に就任したが，I さんは「この仮設住宅から絶対に孤独死を出さない」「住民全員の終の棲家を見つける」（飯塚 2014）の 2 点を入居者に約束する．

以上のような安心・安全な生活への脅威をきっかけとした入居者自身による組織化は，越智昇のコミュニティ論に倣えば「共苦」（越智 1982）的と表現できるものだろう[4]．だが，付け加えなければならないのは，「あすと仮設」のコミュニティ形成では，こうした「共苦」的な組織化のプロセスが同時に「クラブ活動」と呼ばれる「共楽」的な活動の創出を伴っていた点である．そこには「運営委員会」会長を務めていた S さんの「いきなり『大きな輪』を作ることは難しいから『小さな輪』をいっぱい作ろう」「『ぶどうの房』のようにグループを作り，それを 1 つにしていこう」（2015/04/08 東北工業大学 A 准教授）という戦略があった．

「あすと仮設」では 10 を超えるサークルが生み出されている（表 2）．「ラジオ体操クラブ」は仮設広場で数名の入居者が始めたラジオ体操が 20 人規模に拡がったものであり，「農園クラブ」は災前，農業に従事していた入居者が近隣の土地を借り，野菜作りを再開したものである．毎月ボランティアに来ていた企業の提案で始まった「内職クラブ」のように，外部支援者の働きかけにより組織されたサークルもある．犬・猫の飼い主のマナー向上のための講習会を開いた「ペットクラブ」，仮設内の花壇や広場に花苗を植え，管理を手がけてきた「緑化クラブ」は仮設住宅のルール形成，環境整備に寄与する取り組みであることから，その後「自治会」の下部組織へと「格上げ」（2015/07/29「自治会」会長）されている．以上のように内発型／外発型のサークルを意識的，自覚的に「クラブ活動」と名付けた点には，参加者以

◆論　文

表2　「あすと長町仮設住宅」における「クラブ活動」

名称	活動内容	設立時期	人数	外部支援者
農園クラブ	野菜づくり	2011/06	7	社会福祉施設
ラジオ体操クラブ	ラジオ体操の実施	2011/06	22	仙台市ラジオ体操連盟
囲碁クラブ	囲碁まつりの開催，対局・指導	2011/09	4	公益財団法人日本棋院
ペットクラブ	ペットのマナー講習，健康維持	2011/09	30	NPO法人エーキューブ
内職クラブ	入浴剤などの制作	2011/10	5	民間企業（インテリア）
緑化クラブ	仮設団地内の花植	2011/10	50	花と緑の力で3.11プロジェクト
カラオケクラブ	カラオケ大会の開催	2011/11	20	
フランス語クラブ	フランス文化・フランス語の学習	2011/11	25	大学非常勤講師
英語クラブ	英会話の練習	2011/11	3	語学学校非常勤講師
パソコンクラブ	インターネットの講習	2011/11	10	民間企業（通信）
陶芸クラブ	「あすと焼」の制作，販売	2012/12	15	東長町小学校社会学級
手芸クラブ	手芸品の製作	2013/03	20	手芸教室講師
シネマクラブ	映画鑑賞会の開催	2013/06	10	日本基督教団東北教区センターエマオ

(注)「震災復興地域かわら版みらいん　たいはく」第2号（2012/01），「自治会」会長ヒアリングより作成

外に対しても仮設内の活動を可視化しようと考えるリーダーの意図が垣間見られる．

4　自治活動期

4.1　「市民協働」型の見守り体制――「安心見守り協働事業」

　仙台市内10ヶ所の仮設住宅，借り上げ公営住宅で「安心見守り協働事業」を展開してきた「ＰＳＣ」は震災直前の3月初旬，長らくホームレス・障害者支援に携わってきた福祉系NPO計15団体により，それまで「制度の狭間」（2015/07/22「ＰＳＣ」前事務局長）に置かれてきた生活困窮者の伴走型支援を目的として構成された一般社団法人である．震災直後には「ＰＳＣ」を構成する「ワンファミリー仙台」「仙台夜まわりグループ」「萌友」などホームレス支援のNPO法人が，ホームレス自身を担い手とする炊き出しボランティアを行っている．

　「ＰＳＣ」内で緊急支援「後」がテーマとして浮上したのは発災から1週間後，「ホームレス支援全国ネットワーク」（本部・福岡県）の数名が仙台入りしてからのことである．阪神・淡路大震災の復旧・復興を学んできたメンバーから「今から仮設に移った後のことを考えなければダメだ」（2015/07/22「ＰＳＣ」前事務局長）とのアドバイスを受け，リーダーたちは被災者の見守り，雇用，そしてコミュニティ支援を柱とするプランを作り上げていった．早くも3月下旬には「被災者雇用による被災者支援」という後の「安心見守り協働事業」の雛形が出来上がるが，この時点では被災自治体が事業主体となるイメージであったという．メンバーも視察に訪れた官僚等に対してアドボカシー機能を果たすに止まっていた．

　この「被災者雇用による被災者支援」という政策提言が実行に移された背景には，仙台市が1990年代後半より市民団体との「市民協働」型の政策形成を志向してきた点も大きい．特に現在の奥山市政（2009年～）は総合計画の重点施策に「市民協働」を据え，「仙台市震災復興計画」（2011年11月）でも随所に「協働」の2文字が並ぶことになった．緊急雇用創出事業の活用により「安心見守り協働事業」を政策化した市民局（市民協働推進課）は，「自

治組織が出来にくく，被災者同士のコミュニケーションからサポートが必要な」（2012/06/11 仙台市市民協働推進課）「あすと仮設」のコミュニティ形成について，健康福祉局（そして，その外郭団体である仙台市社会福祉協議会）という通常の地域福祉ルート以上に，「（注：支援員の）訪問以上のこと」（2011/10/23 同）が可能な「ＰＳＣ」に期待を寄せてもいた．

　こうして仙台市と「ＰＳＣ」は５月中旬，「『安心見守り協働事業』の実施に関する協定」を締結[5]，「応急仮設住宅入居者の見守りと自立・生活再建に向けた支援やコミュニティづくり」を目的とした「安心見守り協働事業」がスタートする．このスキームの中，「ＰＳＣ」は震災で住居や仕事を失った人々を「絆支援員」として50名雇用する一方，２週間の研修の後，仮設団地に派遣された「絆支援員」は毎日20〜30世帯を訪問し，被災者の日々の様子を把握していった．「ＰＳＣ」構成団体のリーダー層は「暮らし再生マネジャー」「暮らし再生プランナー」として事業全体の統括，支援計画の作成にあたるとともに，被災者からの相談内容を「支援チーム会議」で検討し，医療・福祉系の専門機関に橋渡しするケースもあった．

4.2　支援団体のミッションの転回――「自治会」による見守り体制の転換

　以上のような「安心見守り協働事業」を，見守りの対象となった入居者自身はどのように感じていたのだろうか．「運営委員会」会長のＳさんは次のように振り返る．

　　　各家庭が色々と問題を抱えている中で，「寄り添い」「伴走型」の支援は良い取り組みだと思った．（注：仮設住宅に入って）３ヶ月ぐらいは色々と助けてもらった．○○くんのような若い指導者，プロフェッショナルがいて，良い会だと思った．（2015/08/21）

　だが，協定書に盛り込まれた「コミュニティづくり支援」について混乱が生じる．予算の制約上，「まちづくり的なノウハウを持った人」（2015/07/22「ＰＳＣ」前事務局長）を確保できなかった「ＰＳＣ」は，既存の地域住民組織とも連携しづらい状況の中で，被災者・世帯のソーシャルワークへと自らの活動内容を限定せざるをえなかった．また，宮城野区・青葉区の仮設住宅にも「安心見守り協働事業」が展開・拡大される中，「経験を積んだ支援員と新人の支援員を組ませる」（2015/07/22「ＰＳＣ」前事務局長）必要性から，「（注：絆支援員）をここ（注：あすと仮設）で研修して他の仮設に送り込む時期が続いた．担当が変わるごとにスキルが低くなっていった」（2013/12/10「自治会」会長）という．

　それだけではない．2012年度に入り，「ＰＳＣ」のミッションが被災者の生活支援という「生命維持装置の役割」（2013/11/05「ＰＳＣ」生活支援部長）から（被災者を含めた）就労の難しい生活困窮者の「生活再建のための提案」（同）へ転回する中[6]，「絆支援員」の訪問頻度も世帯の自立度に応じて週１回，月１回に集約される．こうした見守りの脆弱化の中，「あすと仮設」では傷害・殺人未遂などショッキングな事件が発生し，「自治会」は「市民協働」型の見守り体制の抜本的な改善を迫られることになった．そこで「自治会」は医療・心理系専門職にアプローチし，そのボランティア的な関わりを引き出そうと考えたのである．

　すでに「暮らしの相談会」を開いていた東北大学心理・社会支援対策室には集会室で行っ

◆論　　文

ていた相談援助を月2回の戸別訪問へ切り替えてもらい，地元の長町病院には「自治会」との共催形式で，毎月「健康相談会」を開いてもらうことになった（2012年6月）[7]．「自治会」は同月，太白区役所，「ＰＳＣ」の三者による「ケア会議」もスタートさせている．個人情報保護により行政から入居者情報を提供されていない「自治会」が，医療・心理系専門職とともに入居者の健康状態をチェックし，逆に区役所サイドに情報提供する側に回ったのである．とりわけ長町病院が関わる意味は大きかった．健康不安のある入居者のもとを医師や看護師，理学療法士等のチームが訪問し，ケアマネジャーが地域包括支援センターへのつなぎ役を果たすこともあったという．会長のⅠさんは次のようなエピソードを紹介する．

　　（注：長町病院の取り組みは）救急車の激減につながった．それまで多ければ週1回，月に2～3回は間違いなく救急車のお世話になっていた．やはり未然に防げる，先に手を打てるような状況になったことが大きい．今年は1回，救急車が来たきりで，先々月までずっとゼロだった．（中略）象徴的なのは，具合の悪いお婆ちゃんを区の保健師が訪問したときだった．お婆ちゃんは町医者からもらった薬を飲んでいたが，実は癌を患っていて，その薬も飲んでいた．保健師の見立ては熱中症で「水分を取ってください」と指導した．翌日，長町病院の「健康相談会」があって先生に訪問して看てもらうと，すぐに「この薬の飲み合わせは良くない．病院に行って薬を替えてもらってください」と．やはり保健師だけでは，そこまでチェックが行き届かないんだと思う．（2013/12/10「自治会」会長）

ポイントは投薬をめぐる医師・保健師の知識の違いではなく，「自治会」のコーディネートにより「絆支援員」・保健師・心理カウンセラー・医師等が「二重，三重に網の目をかける」（同）環境が創出され，専門職とダイレクトな情報共有が可能となった結果，入居者の健康悪化を「未然に防げる，先に手を打てる」ように変化したことである．その帰結が救急車の出動回数の減少であり，2015年3月の「自治会」解散まで続いた孤独死ゼロである．

4.3　復興公営住宅の自主設計──「考える会」による「仮設後」の暮らしの構想

「あすと仮設」では2012年6月，「自治会」とは別立てで「あすと長町共助型コミュニティ構築を考える会」（以下「考える会」）が発足，復興公営住宅をテーマとする取り組みがスタートした．組織化の背景には，仮設入居者には「トンネルを抜け出せる光」（2013/12/10「自治会」会長）が必要ではないか，という代表Ⅰさん（「自治会」会長と兼務）の思いがあった．ここでの「光」は「仮設後」の暮らしを意味している．そこまでの「明るいロードマップ」（同）を示すことができれば，「トンネル」と表現される「仮設住宅での2～3年間の生活は，そこまで苦にならないのではないか」（同），Ⅰさんはそう考えたのである．

「あすと仮設」の入居者は世帯主の年齢が60歳代以上が7割を超え，単身世帯は4割と多く，無職も過半数を占めている（新井 2015）．データから想定される彼（女）らの社会的・経済的階層を考えれば，生活再建の選択肢はおのずと限定されよう．また，入居者の2割を数える市外・県外からの避難者は住宅整備，土地の嵩上げ，除染など避難元自治体の復興が

進捗しない状況の中,「仮設後」の生活拠点を見通せず,言わば「難民化」の危機に直面していた.こうして「自治会」が実施した震災1年後のアンケートでは「終の棲家」として復興公営住宅を求める声が圧倒的となり,「考える会」には約85世帯が参加することになった.

「考える会」は「仮設カスタマイズお助け隊」で関わりのあった東北工業大学A准教授にアドバイザー就任を依頼し,月1回のペースで復興公営住宅のあり方についての勉強会を重ねていった.「考える会」メンバーはA准教授とその研究仲間のファシリテートにより,仮設生活を経験した者の目線から「どのような集会所であれば,みんなの居場所となりうるか」「住棟はどのような間取り,配置にするのが良いか」をめぐって議論を繰り返したという.こうしてコモンミールを開催できるように対面型キッチンが配置され,デイサービスの拠点としても利用できる集会室,共用空間を取り囲むように住戸を配置し,廊下側にも窓を設けることで入居者の「顔の見える関係」にも配慮した住棟フロアのプランが作られる.

一方,勉強会に参加していた高齢者からは「この『あすと(注:長町)』に復興公営住宅ができれば良いのに」(2013/12/10「自治会」会長)との声も聞かれたという.「クラブ活動」を通して仮設外部との関係が築かれる中,今や避難者は「あすと仮設」の入居者であるに止まらず,長町地区の一員になろうともしていた.「考える会」は仮設住宅から復興公営住宅への移行期のコミュニティ形成の観点から,その立地条件も重視するようになったのである.

> ここ(注:「あすと仮設」)には色々な地域から(注:被災者が)来ていて,復興が遅れている自治体の人は長期間,仮設住宅で生活することになる.復興公営住宅を早く作り,多くの人が抜けてしまうと,ここ(注:仮設住宅)の自治機能を果たせない時期が出てしまう.仮設住宅の敷地内に復興公営住宅を作れれば,仮設住宅と復興公営住宅の両方の面倒を見ることができる.(2013/12/10同)

折しも仙台市は復興公営住宅の建設に際し,供給戸数3,000戸のうち1,380戸について民間事業者を公募し,その事業者が整備する住宅を買い取るプロポーザル方式を採用することを決定する(2012年8月).そこで「考える会」は「あすと仮設」の駐車スペースに2棟分棟で復興公営住宅(108戸)を建設し,仮設住宅と復興公営住宅の双方の入居者を見守れるようにするというプランを,この公募買取方式により実現させようと考えたのである.

だが,2つのハードルがあった.1つは「考える会」メンバーが入札資格を持ち合わせていない点であり,もう1つは建設用地の確保の確実性である.前者については協力申し出のあった準大手ゼネコン,A准教授が面識を有していた地元の設計事務所など5社が共同事業体を結成することでクリアできたが,問題となったのは後者である.「考える会」は土地を所有する2つの独立行政法人から口頭で土地譲渡の内諾を得ていたというが,「仙台市復興公営住宅公募買取事業選定委員会」は「考える会」が提出した「復興公営住宅計画提案書」の,土地確保の確実性に対して大幅なマイナス評価を与えることになった(島津2013).「顔の見える」住棟フロアなど「考える会」が練り上げたコミュニティ形成策についても「選定委員会」の評価は厳しく,2013年3月,「考える会」の提案は不採択となってしまう.

代表のIさんは審査結果に不満を覚えながらも,「あすと長町」に建設が決まった3棟の

◆論　　文

復興公営住宅への「コミュニティ型入居」というソフト路線に転じる．当初，復興公営住宅の入居方法は災害危険区域指定世帯の「優先入居」，高齢者・障害者世帯の「優先順位」，そして「一般抽選」という3つの区分が想定されていたが，「考える会」の取り組みが奏功するかたちで[8]，従前居住地や仮設住宅で形成された5世帯以上のグループによる「コミュニティ型入居」枠が設けられた．「考える会」は入居希望者にアンケートを実施し「コミュニティ型入居」の全体像を固める一方，都市整備局（復興公営住宅室）への働きかけを強めていく．

　こうして2014年10月，「コミュニティ型入居」を希望する「あすと仮設」4グループ，65世帯の「あすと長町第1～第3復興公営住宅」への入居が決定する．仙台市全体での「コミュニティ型入居」が7グループ，91世帯に止まり，他は10世帯前後の規模であったことを踏まえると，「あすと仮設」からの大規模な「コミュニティ型入居」は，「考える会」による設計提案の不採択を補完する，言わば補償計画として位置づけられていたと考えられよう．

5　仮設退去期——「自治会」の解散と復興公営住宅への入居

　復興公営住宅への入居，現地／移転先での自宅再建に先立つ2015年3月中旬，「自治会」は「卒居式」という名の解散式を開くことになった．会則上「自治会」の解散には入居者の3/4以上の同意が必要であること，「自治会」が管理する助成金・義援金の財務処理などが主な理由である．2015年7月現在，「あすと仮設」には約60世帯が入居しているが，うち40世帯が自宅再建中であり，「仮設後」の住まいが未定なのは20世帯前後である．

　「あすと仮設」の元住民が移り住んだ3つの復興公営住宅では，入居者同士の「顔合わせ会」など組織化に向けた動きが始まっている．「仮設後」への移行に伴い，医療・心理系専門職により行われてきた「健康相談会」等の取り組みは，現在「仕切り直し」（2015/07/29「自治会」会長）の状態である．そうした空白状況の中，5月初旬には復興公営住宅で70歳代男性が，死後数日が経過して発見された（2015/06/03朝日新聞朝刊「復興住宅見守り模索」）．

　一方，太白区役所と太白区社会福祉協議会は「考える会」や「あすと仮設」を支援してきたNPOを切り離したかたちで，両者が系列化する連合町内会，地区社会福祉協議会など地域住民組織を中心に「あすと長町復興公営住宅支援者連絡会」を結成したが（2015年3月），現在までのところ具体的な動きには結びついていない．東日本大震災，仮設生活を契機として形成された「考える会」のような新たなコミュニティと，連合町内会に象徴される既存のコミュニティが交差することなく平行線を辿っているのが「あすと長町」の現在の姿である．

6　むすびにかえて——「下からの組織化」の様相と意味

　本庁−区役所のセクショナリズムの隙間で「見捨てられた仮設」と化す一方，非津波被災地への立地により単独入居者が多くを占めるという初期条件の下，「あすと仮設」コミュニティの中心となったのは避難所で形成された「コミュニティ型入居」メンバーであった．「弱連結」ではあれ，当初から核となるグループが存在したことが，これ以降の活動展開を可能

にしたといえる．あらためて「下からの組織化」のプロセスを整理すれば次のようになる．

　第一の局面は「入居開始期」の「運営委員会」に見られるフォーマルな住民組織化であるが，そこでは隣人トラブル，劣悪な住環境など危機的状況を踏まえた「受動的な主体化」の水準に止まっていた．だが，仮設内での民主的な意思決定，行政交渉を通した環境改善を積み重ねていった結果，「あすと仮設」における「運営委員会」の位置づけは確固たるものとなる．その後の「関係形成期」にかけて，「クラブ活動」が入居者のインフォーマルな関係を形成する場となり，仮設外部の団体・企業とネットワークを構築する機会ともなった．

　第一の局面が，どちらかと言えば短期的な課題解決を志向したのとは対照的に，「下からの組織化」の第二の局面は「孤独死を出さない，終の棲家を見つける」という「自治会」のコミュニティ宣言に表現される，入居者の現在進行形の生命と「仮設後」の暮らしをめぐる中長期的な取り組みとなった．支援団体のミッションの転回に伴う見守り体制の再構築，入居者の関係形成を踏まえた復興公営住宅の設計と「コミュニティ型入居」の提案は，いずれも入居者が中心となって専門職ボランティアと協働した点で「能動的な主体化」だといえる．

　以上のような「下からの組織化」が象徴する「考える会」による復興公営住宅の構想は，「仮設後」の暮らしのあり方に関する被災当事者の自己決定要求でもある．他地域から単独入居した人々にとって，「仮設後」への移行により「あすと仮設」で形成された人間関係が途切れ，すでに彼（女）らの生活圏となっていた長町地区を離れることは，更なる「難民化」を招きかねない事態として把握されたのである．「考える会」の提案はフィジカルな領域では未完遂に終わったが，災害復興行政が前提としてきた時間的，空間的に限定された仮設住宅という枠組みに再考を迫ることになった．合わせて「考える会」の傍らに「制度化された専門職」ではなく，継続的な対話を通して仮設入居者のニーズを聴きとり，運動的，対抗的にその実現を図ろうとする「アドボカシー型の専門職」が寄り添っていた点も指摘しよう．

　急いで付け加えれば，本稿は「あすと仮設」におけるコミュニティ形成の条件を探ろうとする事例研究であり，得られた知見の一般性まで主張するものではない．冒頭で指摘したように，東日本大震災では仮設住宅コミュニティの「上からの組織化」が図られてきたが，災前の集落，町内会を単位として入居した仮設団地の中には，「入居開始期」の生活ルールをめぐって複数のコミュニティが対立したり，「仮設後」の再建方針をめぐって従前コミュニティが分解したケースもあると聞く．そうした事例も含めて，仮設住宅コミュニティのあり方を比較検討する作業を今後の課題とすることを約束しつつ，本稿を閉じることにしたい．

　（付記）本稿の一部は地域社会学会研究例会（2014/02/08）で報告し，参加者の方々から貴重なコメントをいただきました。また、本稿の執筆に際して、査読者の先生方から有益なアドバイスを頂戴し、内容を大幅に改善することができました。記して感謝申し上げます。ありがとうございました。

注
(1) これまで地域レベルの自治組織が機能してきたとの前提に立つ政府が「元あるコミュニティの維持」という方針を掲げ，震災以降，仮設住宅で町内会・自治会を「上から」維持存続させた点を，

◆論　文

　　吉原直樹（2013）は「国策自治会」として批判する．
⑵　本稿は「あすと長町仮設住宅運営委員会」S会長，「同自治会」I会長，「パーソナルサポートセンター」G事務局長（前職）・T生活支援部長，東北工業大学A准教授，「長町まざらいん」T会長，仙台市都市整備局，同市民局市民協働推進課，太白区まちづくり推進課に対するヒアリング調査に基づくものである．この調査は2011年10月に開始し，現在も継続中である．ご協力いただいた方々に対して心より御礼を申し上げたい．
⑶　「杜を語ろう　第5部　まちの個性⑶　仙台市長町」（2002/11/14河北新報夕刊），「100万都市の足下　仙台・大規模再開発の行方（上）あすと長町」（2009/04/10河北新報朝刊），「仙台南部の中核へ着々　あすと長町，秋以降に街並み一新」（2014/01/05同）等を参照．
⑷　越智昇（1982）の福祉コミュニティ論は「共楽」的活動の浸透により「共苦」的活動の展開が可能になると考えるのに対して，「あすと仮設」で見られたのは「運営委員会」の組織化（共苦的）と「クラブ活動」の結成（共楽的）の同時性であった．
⑸　この業務委託契約は2つの予期せぬ問題を引き起こした．1つは「市民協働推進課ではなく健康福祉局，太白区保健福祉センターからの発注であれば，もっと連携は深まった」（2013/12/10「自治会」会長）とされる，従来型の行政ルートからの逸脱による「自治会」・「ＰＳＣ」・太白区役所のコミュニケーション不全であり，もう1つは仮設入居者の支援を検討していた他団体・組織への「（注：「ＰＳＣ」以外は）仮設住宅に入ることができない」（2012/01/23若林区社会福祉協議会）という（誤った）認識の拡大である．
⑹　ここに「被災者雇用による被災者支援」の難しさがある．次第に復興関連予算が削減される中，50人規模の雇用者を抱える「ＰＳＣ」には被災者の生活支援という「事業の本筋の部分」（2015/07/22「ＰＳＣ」前事務局長）だけでなく，被災者・失業者を雇用する団体として雇用の継続という「経営側としての判断」（同）も問われたからである．こうして「ＰＳＣ」は仮設入居者の見守りの集約化により余剰となった「絆支援員」を，研修を通して，生活困窮者をサポートする「相談員」に配置転換していくことになる．
⑺　その他の専門職ボランティアの関わりとして，NPO法人「東日本カウンセリングセンター」による「自治会」リーダー層に対する「笑顔塾」（ロールプレイ等），東北学院大学S准教授によるタブレット端末を利用した高齢入居者の見守り活動が挙げられる．
⑻　以下のような仙台市長の発言を参照されたい――「あすと長町の方々は仮設住宅で作られたコミュニティを大事にして，将来に向けた生活設計をしていきたいという貴重なお気持ちがありますので，今回他の事業者にはなりますが，あすと長町地区を立地とする復興公営住宅の提案が通っていますので，そうした中にコミュニティ応募という形で入っていただくことも十分可能だろうと思います」（2013/03/19市長記者会見）．

参考文献

新井信幸，2015，「多地域集積型仮設住宅のコミュニティと自治の形成過程――仙台・あすと長町仮設住宅を対象に」『東北工業大学地域連携センター紀要』27(1)：21-32．
朝隈誠，2007，「仙台市あすと長町地区まちびらき」『区画整理』50(6)：53-8．
古屋貴司他，2010，「新潟県中越沖地震後の柏崎市における応急仮設住宅供給と入居実態」『地域安全学会論文集』12：41-51．
長谷川崇他，2007，「応急仮設住宅における居住環境改変とその支援――『仮説カフェ』による実践的研究」『日本建築学会計画系論文集』622：9-16．
飯塚正広，2014，「あすと長町仮設住宅の取り組みと課題」『住民と自治』612：19-24．
松井克浩，2008，『中越地震の記憶――人の絆と復興への道』高志書院．

室崎益輝, 1997,「仮設住宅の建設と生活上の問題点」神戸大学〈震災研究会〉編『阪神大震災研究2 苦闘の被災生活』神戸新聞出版センター, 115-28.

野田隆, 1997,『災害と社会システム』恒星社厚生閣.

越智昇, 1982,「コミュニティ経験の思想化」奥田道大他編『コミュニティの社会設計』有斐閣, 135-77.

柴田和子, 1997,「仮設住宅街における自治会活動の実情」神戸大学〈震災研究会〉編『阪神大震災研究2 苦闘の被災生活』神戸新聞出版センター, 129-37.

島津翔, 2013,「復興住宅は誰のもの――スピードか住民ニーズかのジレンマを超えて」『日経アーキテクチュア』1010：65-73.

塩原勉, 1994,『転換する日本社会――対抗的相補性の視角から』新曜社.

菅磨志保, 2007,「新しいコミュニティの形成と展開」浦野正樹他編『シリーズ災害と社会2 復興コミュニティ論入門』弘文堂, 98-100.

山下祐介・菅磨志保, 2002,『震災ボランティアの社会学――〈ボランティア＝NPO〉社会の可能性』ミネルヴァ書房.

吉原直樹, 2013,『「原発さまの町」からの脱却――大熊町から考えるコミュニティの未来』岩波書店.

横田尚俊, 1999,「阪神・淡路大震災とコミュニティの〈再認識〉」岩崎信彦他編『阪神・淡路大震災の社会学3 復興・防災まちづくりの社会学』昭和堂, 263-76.

◆論文

震災復興過程における生きがいとしての仕事
―― 東日本大震災後の宮城県岩沼市玉浦地区の農業者を事例として ――

望月美希

1　はじめに

　東日本大震災の発生から5年が経過し、津波の被害を受けた東北地方沿岸部では復興まちづくりが進められている。行政の復興事業により「減災」の考え方に基づく防災集団移転促進事業が進められており、ここにおいては震災前から課題であった高齢化や過疎化への対応も含めた住環境の整備が目指されている。

　その過程で、震災発生時に生き残った人が避難・復興段階においていのちを落とす「震災関連死」[1]の発生が見られる。震災関連死は、「復興とは何か」を議論する上でしばしば取り上げられているように（岡田 2012）、地域政策と個人の復興のずれによる極限的なケースであるといえよう。こうした震災復興をめぐる地域政策と個人の復興のずれは、どのようにして埋められうるのだろうか。

　復興段階における被災者の〈生〉――本稿では、被災者ひとりひとりの実存（existence）[2]とそれを取り巻く生活（life）[3]に着目する概念として設定する――に関する問題は、過去の震災から着目されてきた。しかし、稲垣文彦（2015）が「災害には顔がある」と指摘するように、東日本大震災は、右肩下がりの時代を背景とした広域、複合災害である。そうした異なる行政区や被害の類のため、復興状況も課題も多様である。よって、阪神淡路大震災以降の経験を参照しながらも、時代背景、地域や被災者の特性にも着目しなければならない。

　本稿では、津波による被害を受けた農村地域の復興における課題を検討するため、宮城県岩沼市玉浦地区を事例とし、震災前後の地域社会と農業者の生活の変化に着目する。

2　問題の所在と分析枠組

2.1　過去の震災からの問題提起と被災地における対策

　被災者の〈生〉に関わる問題として、阪神淡路大震災では、仮設住宅での「孤独死」が社会問題となった。孤独死の問題を追った医師の額田勲（1999）は、この問題を貧困や障害を抱える社会的弱者が被る問題として提起している[4]。額田が綴った患者についての記述を見ると、孤独死や自殺の原因には、震災による喪失、復興過程において取り残される感覚、希望の見えないやるせなさといったこころの問題が見られる。

　こうした問題を考えるにあたって着目したいのは、似田貝香門（2008）の〈弱い存在〉という言葉である。これは、すぐさま「社会的弱者」と共通ではない。〈弱い存在〉とは、近

◆論　文

親者の死や故郷の喪失といったこころの痛みにさらされる被災者を、偶然に受難＝受動の様相に置かれた〈受動的主体〉であるとする見方である。もちろん、額田が指摘したように、社会的弱者は生活の再建に取り残されやすく、こころの痛みを抱え込み〈弱い存在〉となる可能性は高い。しかし似田貝は、人間が誰でも〈可傷性（vulnérabilité）〉（＝傷つきやすさ）をもち、〈弱い存在〉に転じ得る点を指摘している。この視点からすれば、こころの問題は社会的弱者のみならず、被災という受難を経験したあらゆる者に起こりうるものである。

　阪神淡路大震災の経験から、こころのケアは復興期の支援の課題の１つとして認知されているが、同時にこころのケアを目的とした被災者への寄り添いや見守り活動の限界も見られてきた。阪神淡路大震災以後、支援活動を続けてきた村井雅清は、「これまでボランティアは被災者と積極的に関わることで、彼らが孤独になることを阻止するように努めてきた。しかし、被災者の『心の中までマンツーマンで入れない』という現実を考えると、もはやこのような方法で問題を解決するのが困難なのは明らかだった。」（西山 2008: 61）という状況に直面している。この状況において、村井が立ち上げたのが、「まけないぞう事業」[5]であった。村井は、働く機会を持つことが社会と繋がるきっかけになると提起し、「『生きがいづくり』『しごとづくり』としての事業」（村井 2000: 76）を始めた[6]。

　しかし、「まけないぞう事業」は、「『しごと』という視点から考えると決して生計を立てる糧になるほどの収入にはなっていないのが現実であり、そういう意味ではいわゆる"内職"の域をこえない」（村井 2000: 76）とされている。この点に関しては、関東大震災時に経済学者の福田徳三が、「今日の人間は、生存する為に、生活し営業し労働せねばならぬ。即ち生存機会の復興は、生活、営業及労働機会（此れを総称して営生の機会という）の復興を意味する。」（福田［1924］2012: 133）[7]とした際の問題とは異なると考えられる。福田が指摘したのは、復興行政がインフラの整備をはじめとしたハード面を優先し、被災者が生計を立て直すための失業対策といったソフト面への支援が乏しかった点であった。そのため、「生活、営業及び労働機会」を回復することを「人間の復興」の重要な点として挙げたのである。一方、「まけないぞう事業」のような内職の域を超えない仕事は、経済的な面で生活を支えきれるものではない。この点が、行政が進める雇用対策との質的な差である。

　村井の活動の視点に近いものとして、東日本大震災後、新たに支援の手法として見られたものにキャッシュ・フォー・ワーク（以下、CFW）[8]がある。この手法を被災地へ導入した永松伸吾（2011）によれば、CFWのねらいは、被災者に生きがいと誇りを与えることにある。失業対策事業と外観は似ているものの、出自が異なることが強調されており、被災者自身が「そのしごとを通じて被災地の社会経済状況を改善し、より災害に強い社会を構築するということ」（永松 2011: 10）が重要とされている。

2.2　被災者にとっての働くことと「生きがい」

　以上のように、復興過程において被災者が働くことには２つの意味合いがある。１つは震災によって失った生計の基盤を取り戻すという点、もう１つは、生きがいや誇りを持ち、今後の生活に希望を持つという点である。この双方の意味において、働くことは〈生〉と関連を持つと考えられるが[9]、両者はどのように結びついているのだろうか。

ここで着目したいのは、「生きがい」という言葉である。これは、復興過程における仕事についての議論において発せられてきたが、支援者がこの言葉を強調してきたのは何故だろうか。また、平時の社会における「生きがい」と差異はあるのだろうか。

そもそも「生きがい」という言葉は日常的な日本語であるが、その説明は難しい。概念的な検討を行った神谷美恵子（1980）[10]によれば、「生きがい」とは、生きる目的や意味、価値といった問題を語る上で用いられてきたが、抽象的な観点からそれらを問おうとする西洋における論理的・哲学的概念に比べると、主観的体験についての直観やあいまいさを持つ言葉であるという。神谷は、「生きがい」を、「具体的、生活的な含みをもった生存理由（raison de vivre, raison d'existence）」（神谷 1980: 15）としており、「あるひとに真のよろこびをもたらすもの」であるという。類似する言葉として、幸福感も喜びの感情ではあるとしているが、生きがいによって感ずるものの方が一層「未来にむかう心の姿勢」、「自我の中心にせまるもの」「価値の認識」といった要素が強く、自己を強く意識するものであるという（神谷 1980: 27-32）。こうした自己を強く意識する「生きがい」という言葉は、被災者の〈生〉のあり方を描き出す手がかりとなると考えられる。

2.3 分析視点と事例研究の対象

これまでCFWや支援団体は被災者に生きがいを与えるというミッションを持って、仕事づくりの活動を続けてきた。しかし、東日本大震災において津波の被害を受けたのは、農業や漁業といった第一次産業従事者が多い地域であった。よって、雇用のみならず自営業に従事していた者も多いため、震災前に営まれてきた第一次産業と被災者の関係に着目しなければならない。また、農村・漁村には単純に金銭とは結びつかない地縁・血縁によって営まれる仕事も存在する。これは日本農村社会学の確立以来、分析に反映されてきた重要な点であるため[11]、本稿でもこうした視点を取り入れた分析を行う。さらに分析視点として、被災者の語りに焦点を当てる。これは、震災を経験した被災者が、生活に対してどのような想いを抱き、どのような行為に至ったのかを描き出すためである。

次に対象地について、本稿では農村地域である宮城県岩沼市玉浦地区を対象とする。農村・漁村といった特性を捉えた上で被災者の生活に着目した研究は、関（2014）によるものがあるが、福島県を事例として原発事故と避難生活に関する議論が主題となっている。一方、これまで津波被災地の生活の現状に立ち入った研究は少ないが、これらの地域の生活に関する問題にも同様に焦点を当てる必要がある。本調査は、ヒアリングと参与観察によるフィールドワーク（2012年10月～2015年8月、計19回）を実施した。ヒアリングでは、農業者を含めた住民、支援者、社会福祉協議会職員等、計40名に、フォーマル／インフォーマルインタビューを実施した。尚、インタビュー文中のカッコ内は、前後の文脈から筆者が補ったものである。

3 玉浦地区の被災状況と農業復興

3.1 震災前の玉浦地区と震災による被害[12]

岩沼市東部に位置する玉浦地区は、1955年の合併まで玉浦村として存在していた農村地

◆論　文

域である。玉浦地区の4つの大字（寺島、早股、押分、下之郷）は、4つから8つの行政区[13]から成立しており、行政区ごとに町内会や消防団といった住民組織が運営されていた（図1）。地理的環境としては、田畑を作るのに適した仙台平野に位置し、米、かぶ等の栽培が行われていた[14]。かつては塩田や漁業も行われていたが、1968年大昭和製紙株式会社岩沼工場の設置の際、海へ排水を流出させるため、先立つ1966年に漁業補償協定が結ばれ、玉浦漁業組合は解散した。その後、1960年代の行政主導の大工場誘致や、1990年代初頭の臨空工業団地の開発、仙台市への良好なアクセスから、第二次産業・第三次産業の従事者も増加した[15]。震災直前は、全2792世帯の約20%（538世帯）が販売農家、うち70.8%が第二種兼業農家（農林水産省2011）で、「従事者の中でも主に仕事をする者」は60代前半から80代前半に集中しており（図2）、年間出荷額も100万円未満の販売農家が多数を占めていた（図3）。そのため農業者の多くは、兼業先、年金等の手段にも生計を頼っていたと見られる。また、震災前の居住環境に着目すると、住宅敷地内に家庭菜園、イグネと呼ばれる屋敷林がある世帯が多く、自給を目的にした生産活動も行われていた[16]。

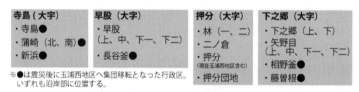

図1　玉浦地区の行政区と集団移転対象
（ヒアリング及び岩沼市行政区別人口統計表［2015］を参考に筆者作成）

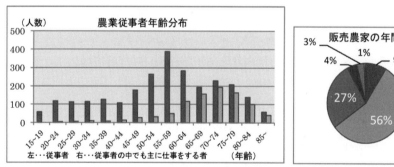 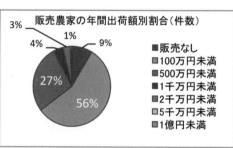

図2、3　2010年岩沼市の農業者の実態（農林水産省［2011］より筆者作成）

東日本大震災による被害は、津波による住宅損傷、浸水、地盤沈下であった（表1）。震災後の土地利用計画では、沿岸部集落を集団移転の対象とし、集落跡地には自然堤防「千年希望の丘」やメガソーラー発電の建設の計画がなされた。集団移転地である玉浦西地区は、玉浦地区内内陸部の農地を埋め立て造成し、336戸が建設された。2015年7月には、公園、集会所、スーパー、郵便局といった施設も整い、住民の多くが新たな住まいに移っている。

農業被害に関して見ると、市全域で1240haの農地が浸水被害を受け、被災農家の半数以上が農業機械を失っている（岩沼市2011）。復興に向けた宮城県の方針では、「土地の利用調整を行いながら、農地の面的な集約や経営の大規模化、作目転換等を通じて農業産出額の

表1 岩沼市の被災状況
(震災前の人口及び世帯数は2011年2月末。岩沼市社会福祉協議会提供資料より筆者作成)

地盤沈下面積	500ha（市域の約8%が海抜0m以下となる）
津波による浸水面積	市域の約48%
人的被害（2014年1月末時点）	直接死　180名、間接死　6名、行方不明1名、重軽傷者　293名（震災前の人口：44128名人中）
住家被害	全壊736戸、大規模半壊509戸、半壊1097戸、一部損傷　3086戸　計　5428戸（震災前の世帯　16003世帯中）
浸水被害	床上浸水　1611棟、床下浸水　114棟

向上を図るとともに、六次産業化などのアグリビジネスを積極的に進めるなど、競争力のある農業の再生、復興」（宮城県2011: 9）という、強い農業の構築がねらいとされている。このように復旧にとどまらない再構築が目指される背景には、震災前の苦しい経営状況がある。

玉浦地区では、兼業農家であっても大型機械や脱穀施設を個別に保有している世帯が多かったが、近年の米価の下落から経営についての疲弊の声が挙がっていた。そのため、「サラリーマンでお金を稼いでは農業機械に費やす。」（Ｓさん、元兼業農家）状況で、収益はほとんどなかった。そうした背景から、震災後は、「離農の意思を持つ農家も多くなっている」（岩沼市2011: 12）という状況にあった。この課題を解決するために、市のマスタープランでは、1）農業生産の高付加価値化、2）農業生産の低コスト化、3）農業経営の多角化といった目標が掲げられ、ほ場整備や新規作物の導入も視野にいれた農業の再生が進められた。

3.2　震災後の農業者の動向

震災後、まず農地のガレキ撤去作業を元農家による復興組合で行った。その後の農業者の動向は、①農事組合法人（以下、農業法人）として再開した者、②農業を引退した者、③地震・津波による被害が少なく、個人で再開した者の3つに分かれる（表2及び図4）。

農業法人として再開した①は、経営に積極的な姿勢を見せる担い手型の農業者である。再開にあたって、東日本大震災農業対策交付金等による農業用機械・施設の貸与を受ける条件（原則5戸以上［知事の特認により3戸以上］の主体）を満たすため、組織化が必要であった。そのため、移転前の集落ごとに会合を開き、手を上げた者を中心に農業法人が立ち上げられた。これらの法人は、技術面では、大型機械の導入、水利機能の整備、田んぼの大区画化を進め、大規模な農地を少人数で作業できる体制を整えた。経営面では、時給1000円の給与で従業員を雇用し、一般企業の雇用関係と同様の体制をとるようになった。こうした法人には、元の集落を離れたが仕事に際して通勤する者も見られる。以上のように、農業法人においては、従来の家族経営から、「サラリーマン農業」へと就労形態が変化している（表3）。

こうした農業法人に共通する特徴として、少人数経営、後継者の存在、経営に対する積極的な姿勢という点が見られる。3点目について具体的には、兼業農家から専業農家への転向、次世代への円滑な引き継ぎに向けた組織作りへの意識といった点がある。農業法人を経営するＲさんは、「今回の震災はふるいをかけたんべなあと思ってんの。（中略）できる農業とできない人の農業をふるいにかけたんだべなってのが本音であるよ。」と、経営状況が苦しく、後継者が寄り付かない農業を脱却し、農業政策が目指すような強い農業を構築したいという姿勢を見せている。また、震災後農業分野では外部企業の参入も見られるなかで、「俺

◆論　文

表2　震災後に農業を再開した農業者（インタビューおよびアンケートより筆者作成）

	属性（震災後）	性別	年齢	元の居住地区	住居移転	震災前の農業形態	震災前田	震災前畑（ハウス含）	震災前家庭菜園	震災前共同者	震災後共同者	耕作面積の増減	震災後の変化	後継者
A	A組合	男	60代	相野釜	○	兼業	1.6ha	0.6ha	10a	夫婦	夫婦	減	組合共同で他集落の土地にハウス18棟を再建。市場集荷を継続。	×
B	A組合	女	60代	相野釜	○	兼業								×
C	A組合組合長	男	60代	相野釜	○	専業	0.4ha	0.6ha	0.5a	夫婦	夫婦	減		×
D	A組合	女	60代	相野釜	○	専業								×
E	A組合	男	70代	相野釜	○	専業	1.8ha	0.4ha	○	夫婦	本人のみ	減		×
F	A組合	女	60代	相野釜	○	専業	1.2ha	40a	10a	夫婦	本人のみ	減		×
G	個人	女	60代	長谷釜	○	兼業	0.7ha	数a	○	夫婦	夫婦	減	・民間の市民農園への参加と居跡地を畑に	×
H	個人	男	70代	相野釜	○	専業	3ha	40a	10a	夫婦	夫婦	減	所有地を畑に	×
I	直売所参加	女	70代	早股下一	×	専業	1.2ha	0.2ha	○	夫	＊	減	田んぼは委託	×
J	直売所参加	女	60代	蒲崎	○	専業	3.5ha	0.8ha	○	夫・子供	農業法人に参加	増		○
K	直売所参加	女	70代	早股下一	×	専業	4.5ha	＊	×	本人のみ	本人のみ	減	田んぼは委託	×
L	直売所参加	女	＊	林	×	兼業	0.5ha	0.1ha	○	夫	＊	減	田んぼは委託	×
M	直売所代表	女	70代	早股下一	×	専業	5ha	3ha	×	子供	子供	増	息子は農業法人を経営。	○
N	直売所参加	女	70代	＊	＊	兼業	11ha	0.5ha	○	夫・子供	＊	減	田んぼは委託	○
O	直売所参加	女	80代	早股下一	×	兼業	1ha	0.13ha	○	＊	＊	減	田んぼは委託	＊
P	直売所参加	男	70代	早股下一	×	自給	0.15ha	0.2ha	○	本人のみ	本人のみ	同	変化なし	×
Q	直売所参加	女	60代	相野釜	○	専業	0.6ha	0.6ha	○	夫	本人のみ	減	親族の畑を借りている	×
R	R農業法人代表	男	40代	早股下一	×	兼業	5ha	3ha	×	妻	妻・従業員・子供	増	法人は家族と従業員1名、パートによる。耕作委託をうける	○
S	農業法人勤務	男	60代	長谷釜	○	兼業	1.5ha	14a		妻	本人のみ			○
T	T農業法人代表	男	60代	林	×	専業	＊	＊	＊	妻	従業員	増	3名で法人を設立。耕作委託を受ける	○
U	U農業法人代表	男	50代	寺島	×	専業	＊	＊	＊	妻	従業員	増	耕作委託を受ける	○
V	V農業法人副代表	男	60代	新浜	○	専業	＊	＊	＊	妻、子、子の配偶者	従業員	増	耕作委託を受ける	○
W	市民農園参加	女	40代	新浜	○	非農家	×	×	○	本人のみ	本人のみ	減	仮設住宅近くの市民農園（0.4a）を利用	＊
X	市民農園参加	女	70代	押分	○	非農家	×	×	4a	本人のみ	本人のみ	減		＊

＊印は無回答もしくは不明。農業法人に関しては、震災後の状況は共同化した状況を記している。また、家庭菜園に関しては、面積について回答があったもののみ数値を記している。

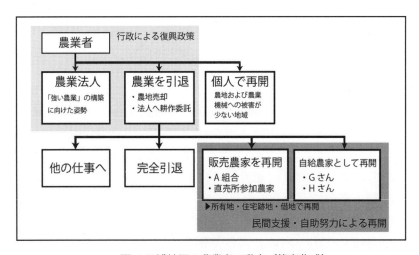

図4　玉浦地区の農業者の動向（筆者作成）

も（再開の）予定はなかったんだけども、毎日眺めていると、誰かが来て、どっかわけわかんねえ会社でも請け負って、その辺うろうろされたっては気分いいもんじゃねえんだな。」（農業法人経営Tさん）と、土地管理に対する意識の高まりが再開の動機にもなっている。

一方、Rさんが「ふるいにかけた」と表現するように、農業経営に一旦あきらめを見せ

表3 玉浦地区の農業法人の概要

法人名	R法人	T法人	U法人	V法人
地区	早股下一	林	寺島	蒲崎・新浜・寺島
設立時期	2001年	2013年2月	2013年2月	2013年2月
従業員数	4名+パート	5名+協力員	3名+協力員	15名
従業員の状況	専業	代表は専業、他は兼業	代表は専業、2名は兼業	代表は専業、他常勤は5,6名
従業員年代	40〜60代	60代	50後半〜60代	50〜70代前半
面積規模（2013年）	田 63ha 畑 15ha	田 10ha 畑 14ha	田 20ha 畑 20ha	田 10ha 畑 なし
面積規模（2014年）	田 63ha 畑 15ha	不明	田 35ha 畑 20ha	田 70ha 畑 10ha
出荷先	農協 岩沼市場	農協	農協	農協 仙台市場
主な作物（2013年）	米、豆、白菜、トマト	米、豆、キャベツ	米	米、キュウリ
後継者の年代	20代	30〜50代	40〜50代	20代か

たのが②の動向である。これらには、他の仕事へ就いた者、仕事から引退した者がいるが、一部には民間支援や自助努力によって再開した者が見られる。以下では、住居の移転が迫られた相野釜集落の農業者の2つのケースに着目する。

3.3　民間支援・自助努力による農業再開
3.3.1　A組合のケース[17]

　A組合は、1971年に設立され、震災前まで8世帯が加入していた任意組合である。現在は、Aさんと妻のBさん、組合長のCさんと妻のDさん、Eさん、Fさんの4世帯が継続している。いずれも、高校卒業後や嫁入り後から農業に従事してきた60、70代の農業者である。

　震災前、A組合は、かぶ、メロンを中心に各世帯で栽培したものを共同出荷していた。1世帯あたり10棟ほどのハウスを経営しており、「土日もない、常に忙しい生活。」（Aさん夫妻）であった。震災後、元の農地の大部分は買取対象となり、残りの田畑は他集落の農業法人に委託することになった。組合も解散する予定であったが、2011年6月に民間財団による助成金の話をAさんが聞きつけ、組合の会合に出したのが再開のきっかけとなった。再開に踏み切った理由について、以下のように語っている。

A「どちらかというと年金暮らしの人が多いのさ。ただ、我々まだ年金もらってねえから。組合長とか。そういう意味で少しでも足しになる。あとやっぱり、体もうごかさない、頭も使わないとだめでしょう。」
B「このアパートにいてみさい。一日中。ねえ……。そういう生活したことないでしょ。何か常に動いている生活。だからこのようになるとね、何をしたらいいかわからないの。自分の時間ってないのよ、仕事だったから。それが津波でできないっていうことは。やっぱり何もできないっていうのが苦痛なんだよね。」

　組合のメンバーは、兼業による収入、年金等により、農業を行わなくとも生計は立つが、何もしない生活が苦痛であると感じていた。この「することがない」というのは農業そのも

のだけを意味するのではない。「相野釜だったらやることあるからね、いくら歳とってもね。屋敷の草とったりね。それがもう、薄れてるんじゃない。」(Cさん)と、住環境の変化により、元の集落で行われていた様々な活動も失われたのである。かつては、「集落のなかにおいては共同作業っていうの結構あったんですよ。それなりにやってきたんだけど。こっちにくればやることないからね。」(Cさん)、と畑周辺の草刈、水路はらい等の共同作業も行われていたが、耕作委託が進み、そうした機会はなくなってしまった。だからこそ、Aさんは、「別のストレスはあるよ、みんなで仕事するんだから。でもそっちの方がいいのよ。ハウスの中で働いて。目標があるっていうかね。目的があるっていうか。」と、仕事による充実感を語っている。

その後、助成金の審査が通ると、ビニールハウスやトラクターなどの農業施設、機械を買い直し、再開への準備を進めた。現在の農地は、付き合いのある農業者に相談し、他集落の土地を借りたものである。ビニールハウスはこれまでの経験を活かし、自らの手で建てた。「そうでないと、半分しか建てられないわけさ。資金的に。」(Aさん)と、限られた資金を有効に使うための手立てであった。しかし現在は、ハウス18棟、年間の売り上げは1200万円程度と、規模はかつての半分以下である。1人あたり月7万円程度の収入になっているが、Cさんは、この農業収入だけではとても生計は成り立たないという。それでも、「後継者いないんだから。だから、私はこのハウス建て始まった時ね、一言いったことがあるの。バラすときのことを考えようと。」と、組合としてこれ以上の拡大は考えていない。

こうした規模縮小に加え、震災前後の変化には住居と畑の距離がある。現在の畑はそれぞれの住居から離れており、仕事と生活が連続していた震災前とは状況が異なる。そのため、「家が建ってもうれしくねえ。これが本音。」(Bさん)と、住居が完成したとしても、生活が戻るわけではないという。しかし、「本当に仕事があってよかった。みんなで仕事をするのが支えになるし。そうやって普通の生活ができるのが幸せ。」であるとBさんはいう。組合メンバーの居住地区は離れてしまったが、仕事場は震災前の仕事仲間が集う場である。また、ハウスで行われている直売には、元の集落の者が作物を買いに顔を出す様子も見られる。Bさんが「普通の生活」と表現するのは、環境が異なっても、震災前のように集落の人々と過ごす生活であり、そうした点においてA組合での仕事が支えになっている。

3.3.2 Hさんのケース[18]

Hさんは、相野釜集落で生まれ、高校卒業後から専業で農業に従事してきた。途中勤めに出た時期があったものの、約70年間にわたり農業に携わってきた。当初は息子に後を継がせようと考えていたが、昨今の農業経営をめぐる困難さからそれを諦め、震災直前まで妻(77歳)と二人で農業を営んでいた。70代の夫婦ではあるが、3haの田んぼと1ha程の畑を耕作し、岩沼市場、仙台市場へ米と野菜の出荷をしており、出荷額は年間200万円程であった。販売のみならず、自給用の野菜の栽培も兼ねており、「結局生活するだけの、例えばじゃがいも、ねぎ、たまねぎ、三つあればね、ほとんど大丈夫なんですよ、余計なもの買わなくても。」と、自給が食生活を支えていた。

震災によって、Hさんの自宅と農地も津波の被害を受けた。相野釜集落外に所有していた

田んぼもあったが、農業法人に委託した。2011年4月から集団移転地の造成が終わるまでの期間、仮設住宅での暮らしとなったが、2011年6月から450坪ほどの自宅跡で自家菜園を再開した。その後、2013年11月に造成工事が始まり、その場所からの立ち退きが命じられると、自身が所有していた他の土地へ畑を移した。

> H「本当はここも全部買い上げてもらえんの。だけども、売っても構わないんだけれども、まるきりなんにもなくて、仮設入ったり、避難所さ行ったんでは、体……ね。なんにもなくなっから。やることないと散歩くらいしたってあれだから。ということで、私はほれ、何もできないから。こういう農家の仕事しかできないから。自分の体を弱くしないようにずっとやってきて、いまここに至ったというね。」

震災前まで農業に従事してきたHさんにとっては、仮設住宅での生活は体を動かす機会が少なく、健康への心配があった。しかし、後継者がいない状況では大規模な農業を行うことも、「今何やるにも、歳邪魔になって何もできないんだよね。他所さ行って出稼ぎみたいにしていくってことはできないのよ。」と雇用されて働くことも難しい。そうした背景から現在のような小さな畑の再開に至った。再開に関する経費は、「種代かかるっていっても、元気でいれば医者さかからないから、その分。」と惜しまなかった。土地、機械、種は自分で賄わなければならなかったが、他人からの手助けもあった。その一つが作業小屋である。開発工事に来た人々が資材を集め、小屋を新しく作り直してくれたという。また、インタビュー時のHさんの畑は、その後ソーラー発電用地のため買取をしたいと市からの要請があり、2015年7月に閉じることになったが、知り合いの農業者から別の土地を借り、継続している。

3.4　考察—震災後の農業が持つ意味

3.3で取り上げた、②民間支援・自助努力により再開した事例について考察を進めたい。これらには、1) 経営規模の縮小、2) 高齢者で後継者不在、3) 他の生計手段の存在という特徴があり、農業再開に対する意識も①の動向である農業法人とは異なる。Cさんが「バラすときのことを考えよう。」というように、収益が低いものの規模拡大を考えておらず、農業政策が目指す方向性とは逆にある。背景としてこれらの農業者には、兼業先、年金や家族の収入があり、農業を行わずとも生計を立てることの困難には陥っていない点がある（表4）。また、所有してきた農地は、市へ売却、もしくは農業法人に委託されており、これまでの農地の管理に対する不安はほとんど見られていない。そして、再開に際しては別の土地に移っており、この点も農業法人が自治管理を理由に再開したこととは異なるといえる。

それでも農業を行うことの意味とは、震災によるこころの痛みや喪失感を払拭する契機となるだろうことへの期待である。具体的には、一点目に、他者との関係を取り戻す機会という点がある。震災後は、集団移転の対象地であっても、集団移転に入らなかった世帯も少なくない。また、多くの農業者が引退することで田んぼの水路さらい等の共同作業もなくなり、かつての日常的な付き合いは大きく減った。そうした中、A組合では、農作業や直売の場が、

◆論　　文

移転先が分かれてしまった人々と顔を合わせる機会となっていた。人々との関係を再度築くなかで「頼りにされている。」（Aさん）、「みんなで仕事をするのが支えになる。」（Bさん）という感覚が得られていた。また、Hさんのケースでは、販売はほぼ行っていないが、「人さ（野菜を）やると喜んだり。」（Hさん）と、家族や親戚に作物をあげることが楽しみになっているという。農作業や作物を通じた関係性の構築は、交流を目的とした集会所で行われるふれあいサロン活動とは異なるが、他者とのかかわり方の一つである。そのため、老人会の活動に対しては「ちょっと恥ずかしいような感じして。」と言い、普段は一人で農作業をするHさんも、作物を介した関係性には好意的であった。

　このように、農業法人の多くが家族経営から従業員による経営に変化したことに対し[19]、これらの事例は、家族経営（または家族経営を単位とした組合）を損なわなかった。言い換えれば、組合として共同したり、販売を辞め自給農家となったりという変化は見られるものの、旧来の経営体制を維持し、震災前と同じ「みんな」（Bさん）で仕事をすることを重視している。

　二点目として、震災前の自己のあり方を取り戻すという点がある。事例における農業者からは、「技術力なければできないんだもの。」（Cさん）、「こうして（野菜を）見て、のど乾いたんだな、っていうようになれば本当の一人前なのよ。」（Hさん）と長年身に着けてきた農業の技術や知識に対する自信が語られている。震災後の農業再開も「いままでやってきたからこそ。」（Dさん）であるという。そうした自信から、限られた資材でも経験を生かし、出来る限り多くの数のハウスの再建が可能となった。そして、技術や知識を発揮する場を取り戻すなかで、「目標があるっていうかね。目的があるっていうか。」（Aさん）と、日常生活に積極的な意味づけがなされてきた。このように、生涯農業に従事してきた彼らにとって、農業とは自己のあり方を形成してきたものであったといえよう。

　もちろん、震災前から彼らにとって農業は、こうした2つの意味を持ち合わせていたとも考えられる。しかし、震災後にこうした意味合いが強調して語られたのは、被災者が抱えた実存のゆらぎのためであると考えられる。それは、震災後の生活についての「することがない」という語りにも現れている。「することがない」に含意されるのは、仕事がないという

表4　3.3で扱った農業者の生活に関する状況
（筆者作成。尚、個人の特定を防ぐため番号のみを振る。）

	震災前の住まい	被害	震災前生計手段	震災前同居	震災後の住まい	現在の同居	現在の生計手段	年金
1	一戸建て持家	全壊	雇用労働、自営業	配偶者・息子夫婦・孫	アパート→一戸建て持家（集団移転外）	配偶者・息子夫婦・孫	家族の収入、自営業、年金	国民・農業者
2	一戸建て持家	全壊	自営業				家族の収入、自営業	なし
3	一戸建て持家	全壊	自営業	配偶者・息子・配偶者の父母	アパート→一戸建て持家（集団移転外）	配偶者・息子・配偶者の父母	自営業、年金、貯金	国民・農業者
4	一戸建て持家	全壊	自営業				自営業、年金	国民
5	一戸建て持家	全壊	自営業	妻	仮設住宅→一戸建て持家（集団移転）	妻	自営業、年金	国民・農業者
6	一戸建て持家	全壊	自営業・不動産収入	夫・配偶者の父母	一戸建て持家（集団移転外）	配偶者の父母	自営業・年金	遺族年金
7	一戸建て持家	全壊	不動産収入、年金、自営業	妻・息子夫婦・孫	仮設住宅→一戸建て持家（集団移転）	妻・息子夫婦・孫	不動産収入、年金、自営業	国民・厚生・農業者

ことだけではない。Cさんは、現在抱える復興への課題について、「やっぱり一番大きなところは精神面だろうね。何もかも、人間関係だって、今まで構築してきたものが一瞬にして崩れたんだからね。」という。「することがない」という言葉の背景には、「今まで構築してきたもの」の喪失があるが、この生活にはさらに以下のような苦しみが伴う。

1点目は、「することがない」時間とは、被災の辛さを受け止めなければならない時間となった点である。「津波来て家がなかったのを見た時は『はぁ…』って感じ。そのときは涙もでないんだよね。でも、震災になってから涙もろくなっちゃって。昔のこと1人で思い出すと涙がでてくることがあるんだよね。」(Bさん) と、住居再建の見通しが立ち仕事も再開していながらも、1人でアパートの部屋にいる時間の辛さを語る。そうした精神面の傷つきは、「家が建っても嬉しくねえ、これが本音。」(Bさん) と、すぐに埋めきれるものではない。

2点目として、「することがない」生活は、今後の生活の展望が崩されたものであった。震災前までは、「自分で人生設計組んでたんだからね。どれくらい(の歳)までやってって。」(Cさん)、「米作りだって、息子だのなんだの全然あてにしねえから。おれが丈夫だから。おらいのばあさんも丈夫だから。」(Hさん) と、農業を今後の生活の基軸として描いていた。しかし、震災後は農業から退くことによる身体の衰えを心配していたように、今後の〈生〉への不安が聞かれている。そうした「することがない」という状況を変えていくために、彼らは農業以外の仕事に就くことも考えていた。1つの例として、Cさんは、震災直後は「農家はできないわという考えだったのね。ましてや歳も歳なんですけどね。私は、やっぱり職業変えようと。」と資格を取得し、別の職種に就こうと考えたという。しかし、多くの場合雇用に対する期待は薄く、「どこでも使いようもないこんな年寄だもの。使ってくれるとこないっちゃわ。」(Dさん) と、年齢を理由にあきらめもあり、農業以外での再就職は難しかった。

こうした状況にあった農業者であったが、仕事の再開によって「震災直後は、ただただ一生懸命ハウス栽培に取り組みました。それは、悲しみを忘れようとしていたからですが、今ハウスで笑顔を見せることができるのは、仲間と一緒に行う仕事があるからなのです。」(Cさん)[20]と、過去から現在へとまなざしを向けるようになったという変化が見られる。

4　被災者と〈生きがいとしての農業〉

4.1　震災後の地域社会と個人の生活

本稿の主題であった地域社会と農業者の生活変化という点に立ち戻ると、震災によって津波の被害を受けた沿岸部の農業者は、住居の移転と農業経営の継続について選択を迫られた。継続した農業者について、玉浦地区では、復興政策に則り法人化を進めた農業者と、後継者不在と高齢という状況から政策による助成を受けなかったものの、自らが農業を行う場を守ろうとした農業者の存在が明らかとなり、それぞれの形態の変化のなかで、仕事に対する意味づけも異なる方向性を持つものとなった。こうした2つの潮流のなかで、3.3で取り上げた農業者は、大規模化を目指そうとする政策の動きに対しては、「田んぼの集約が進んだのはいい機会だった。」(Aさん)、「一生懸命やってもらえるからありがたいよね。」(Hさん) と、

同意を示しており、玉浦地区内で対立することなく共存している。高齢で後継者不在であった農業者にとって、農地管理の委託が円滑に進んだことは、耕作放棄に陥ることへの不安を解消し、震災後の生活の見通しの安定につながったと考えられる。

その上で、3.3 の農業者が農業再開を試みたのは、依然として抱える精神的な面の問題を乗り越えるためであった。これまで農業の持つ精神的意義としては、農業や農業周縁の活動が持つ伝統や信仰と繋がる文化的意味が捉えられてきたが[21]、玉浦地区の事例は、こうした意味合いとも異なったものが語られた。ここで語られたのは、働くという行為のなかで〈弱い存在〉となった被災者が、自らのあり方を取り戻そうとする、〈生〉への希求である。

本稿では、復興政策のもとに進められる規模拡大型の農業ではなく、小規模ではあるものの震災前の生活へと戻るための意味づけがなされ、「生活的な含みを持った生存理由」(神谷)である農業を〈生きがいとしての農業〉と呼ぶ。〈生きがいとしての農業〉は、震災後の日常をどのように生きるかという点が主眼となっている。そのため、規模や収益の拡大が目指されるわけではなく、他者と共にあるいは他者のために働くことや、農業者としての実存を保つことが求められた。これらは農業者に喜びや楽しみを与え、「することがない」という喪失感から復興へ向かうこころの姿勢を形成する要素となった。

現在、被災地に限らず、多くの農村地域が農地集約や集落営農への意志決定に関して困難を抱えるなかで、玉浦地区内の各集落は、そうした意思決定が比較的円滑に進んだといえる。その上で、本稿で明らかとなった引退農業者の〈生きがいとしての農業〉というあり方からは、高齢化が著しく進む日本の農村地域を考える際、〈生〉の充足感を得る場になりうることが示唆される。

4.2 復興における支援と課題

〈生きがいとしての農業〉について復興政策との関係に着目すると、農業政策においては経営規模が小さいために援助が受けられず、住宅政策においては集団移転で畑を作ることが難しいという、政策の〈隙間〉(似田貝 2008) となるものであった。それでも、引退農業者が「ありがたい」と述べているように、農業政策が進める担い手の確保は、玉浦地区という総体としての「地域」の農業のためには必要なものであった。

しかし、〈弱い存在〉としての被災者が、どのようにして復興を目指すのかという点に立脚した時、総体としての「地域」の復興のみならず、個々の〈生〉のあり方にも目を向けなくてはならない。これは行政支援の限界もあるなかで、多様な主体によってなされていく必要がある。似田貝が、災害からの復旧・復興が、行政のみならず、市民団体、企業といった主体により、重層的になされている点を指摘しているように (似田貝 2014: 137)、本稿の事例の農業者は、行政に訴えかけるのではなく地域住民や民間団体への要請によって〈生きがいとしての農業〉の構築に至っている。このように、被災地の課題を政策的課題としてのみ捉えるのではなく、様々な主体が解決の可能性を持つことに留意する必要があるだろう。

最後に本稿から予想される課題について述べたい。本稿で取り上げた〈生きがいとしての農業〉に至った農業者は、見方を変えれば成功事例に過ぎない。これらの事例は、民間の助成団体や地域住民から、偶然ボランタリーな行為を受ける機会に恵まれたものであった。一

方、被災各地では、玉浦地区と同様の「することがない」という状況が見られる[22]。仕事の引退と住宅環境の変化に起因したこの問題は、仮設住宅から復興公営住宅への移行後も継続すると予想され、こうした層への支援のあり方も検討しなければならない。

　これまでの支援として、仮設住宅周辺での共同農園が見られたが、新たな住居へ移り、被災者が分散し見えにくくなるなかで、そうした状況に対応できる仕組みも必要である。先駆的な事例としては、宮城県亘理郡亘理町で行われている「健康農業　亘理いちご畑」の活動がある。この活動は、参加者の自宅と畑の間をNPO法人のスタッフが車で送迎し実施されており、仮設住宅からの移転後も継続して行われている。今後は、こうした活動の状況と課題を検討していきたい。

注

(1) 東日本大震災における震災関連死の死者数は、1都9県で3,331名（復興庁発表、2015年3月31日現在）である。しかし、震災関連死は、「東日本大震災による負傷の悪化等により亡くなられた方で、災害弔慰金の支給等に関する法律に基づき、当該災害弔慰金の支給対象となった方」（復興庁 2015）と定義されているため、災害弔慰金を受け取らなかったが、震災の影響で死亡したケースも存在すると考えられる。

(2) ここでの「実存」とは、20世紀以降の実存思想に依拠し、「個的、具体的なあり方をした有限な人間の主体的存在形態」（溝口 1998: 669）を指すものである。つまり、「まさに自らが生きている」ということを認識し存在しようとする人間の主体性に着目する概念として取り上げる。よって、ここで定義する〈生〉に含意されるのは、ハイデガーの実存概念を参考にしたのであり、ただ生物的に生存するのみではなく、有限な世界（Welt）において自らの可能性を選び取りながら絶えず自己を認識せざるを得ない存在としての人間のあり方である。

(3) 本稿における「生活（life）」は、関礼子（2014）が「生活（life）の復興」において指摘した、「生存権」以上の「自らの生活をどう取り戻し、どう生きるか。」（関 2014: 45）という点を含意する。関は、「生活」について、鳥越晧之の「生活」概念を踏襲している。鳥越は、生活を捉える上で単に人々の行為だけではなく「経験」に着目し、シュッツが指摘するような「主観的世界」を描き出そうと試みた。筆者は関、鳥越の「生活者」の視点から捉えようと試みる「生活」概念に同意を示すが、その上で見落としてはならないのは、客観的事実として捉えられる生存（survive）の面である。特に、一般的に金銭を得る手段として理解される「仕事」を論じる上では、生き方や生きがいといった要素の前提として、彼らの生存がどのようにして担保されているのかを捉える必要がある。生存が成立していなければ、「人びとの日常生活を成り立たせている総体」（鳥越 1997: 41）とされる「生活」を捉えることはできない。よって、本稿では、「生活」を捉えるために主観的な語りの重要性を十分理解した上で、語りには出てこない客観的事実にも留意した分析を進めたい。

(4) 額田は、これに至る人々の特徴に、一人暮らしの無職の男性、慢性の疾患を持病としている、年収百万円前後の低所得者という3点を挙げている。

(5) まけないぞうは、支援者から送られるタオルを材料に、被災者がゾウの形に縫い上げ、1個400円で販売する非営利事業である。

(6) こうした事業は、「阪神淡路大震災では、復興グッズを主宰する支援団は、2団体に過ぎなかった。東日本大震災では、2012年までに、岩手県だけで57団体以上もの、支援主宰団体群が現れた（2011年「いわて生協」・「東京大学被災地支援ネットワーク」調査）。」（似田貝 2014: 144）と、

◆論　文

東日本大震災において広まる傾向にあり、被災者のニーズとして求められている。

(7) この箇所は、岡田（2012）を参考に該当箇所の漢字を現代表記にした。

(8) CFWは、被災地の復旧・復興に関する仕事を被災者自らが行い、その対価として金銭を得るものである。具体的には、厚生労働省主導の「日本はひとつ・しごとプロジェクト」におけるガレキ撤去をはじめとした復旧事業や、地方自治体の事業にCFWの発想が取り込まれている。

(9) 〈生〉と働くことの関係については、ハンナ・アーレント（Arendt 1978=1994）の議論が想起される。アーレントは、世界に関係する人間的活動、すなわち人間の条件（Bedingung）を、「労働（labor）」、「仕事（work）」、「活動（action）」の3つの型に区分している。「労働」は、生物として生きるための消費-生産の循環の行為、「仕事」は、公的な共通世界を作り出すこと、「活動」は、言論によって他者と関わる行為を指すものである。この中で特に「仕事」と「活動」とは、「人間としてどう生きるか」という生活（life）と自己存在（existence）への意味付けに関わるものでもある。アーレントの議論は、本稿の主題である仕事の意味を考えるにあたって示唆されることも多いが、詳細な検討は別稿を期する。

(10) 神谷は、テクストの検討による議論を展開しているが、根底には国立ハンセン病療養所で患者と対峙してきた経験がある。日常社会から離された療養所という空間で「作業や娯楽のしくみもあるなかで、このひとたちは『無意味感』にいちばん悩んでいる」（神谷 1980: 9）という患者の状況には、人間が生きることに広く通じるものがあると議論を展開している。

(11) 農村社会学では、労働を媒介にした社会的関係の広がりの考察を進めてきた（細谷 1998）。ただし本稿は、農村社会学の取り組みとは異なり、特定集落の全体像を明らかにするというよりは、震災前後の個人の生活と心境の変化に焦点を当てることがねらいである。

(12) 歴史的背景は、岩沼市史編纂委員会編（2012）を参考した。

(13) 「行政区」に関して、「集落」「部落」という呼び方が住民の間で使われているが、以下では「集落」に統一して表記する。

(14) 玉浦地区は平野部での土地利用型農業が可能であり、経営耕地面積も0.3ha未満（2戸）、0.3〜0.5ha（47戸）、0.5〜1.0ha（121戸）、1.0〜1.5ha（104戸）、1.5〜2.0ha（72戸）、2.0〜3.0ha（123戸）、3.0ha以上（69戸）と1.5ha以上の農家が全体の約半数を占めるという状況であった（農林水産省 2011）。そのため、西日本に多く見られるような、中山間地域でそれぞれの農地が小規模で集約化が難しく集落営農が困難である状況（田代 2011）と異なり、全国的に見れば集約化に関して比較的有利な条件が整っていたといえる。

(15) 岩沼市（2014）「産業別就業人口の推移」（国勢調査結果）より。

(16) 東京大学緑地環境デザイン研究室が実施した住民に対するアンケート（2012年度）より。

(17) A組合へのインタビューは2014年4月26日（Aさん、Bさん）、2014年8月7日（Aさん、Bさん、Cさん、Dさん）、2015年8月25日（Cさん）に行った。加えて、参与観察として、2013年9月25日〜10月5日、2014年1月27日、2014年7月31日〜8月10日、2014年9月16日〜9月20日の間、農作業に加わり、インフォーマルインタビューによって情報を得た。

(18) Hさんへのインタビューは、2014年9月20日、2015年8月25日に行った。

(19) U農業法人は、「人を頼むとお金が動いてしまうので。なかなか人件費払うまでの大企業でないので。（中略）結局、あの人頼んでなんで俺ば頼まねえとかね、同じ部落んなかだとさ。忙しい時、声かけてけろっていわれるんだけども。だけど声かけようって、どれだけかけたらええべってあってさ。」（Uさん）と、法人という形態をとってからは、以前のような「結」の関係性も難しくなっている状況について述べている。

(20) 『みやぎ県政だより』2012年9月1日発行。

(21) 安室知（2012）は、水田漁労のように農地でなされる活動に内在する「遊び」の要素について

指摘し、こうした活動が農業を継続させる要素として関連があるとしている。
⑫　三井さよ（2013）は、「足湯ボランティア」における被災者とボランティアの対話内容を書き留めた「つぶやき」（2011年3月29日から2012年11月11日までの15145件）について、「することがない」というつぶやきが491件見られる点に言及している。これは、しばしば「畑がない」、「仕事がない」ことと共起しており、多くが以前の生活に関する語りを伴っている。

参考文献
Arendt, Hannah, 1978, *The Human Condition*, the University of Chicago Press.（＝志水速雄, 1994,『人間の条件』, ちくま学芸文庫.）
復興庁, 2015,『東日本大震災における震災関連死の死者数』.
福田徳三, 山中茂樹・井上琢智編, 2012,『復刻版 復興経済の原理及若干問題』, 関西学院大学出版会.
細谷昂, 1998,『現代と日本農村社会学』, 東北大学出版会.
稲垣文彦, 2015,「中越から東北へのエール——右肩下がりの時代の復興とは（特集 これが復興なのか）」『世界』(867):101-109.
岩沼市, 2011,『岩沼市震災復興計画マスタープラン』.
———, 2012,『岩沼市災害復興計画グランドデザイン』.
———, 2014,『平成24年度版岩沼市統計書』,（2016年1月20日取得, http://www.city.iwanuma.miyagi.jp/kakuka/010300/010306/H24toukeisyo.html）.
岩沼市史編纂委員会編, 2012,『子ども岩沼市史』, 岩沼市.
神谷美恵子, 1980,『生きがいについて』, みすず書房.
三井さよ, 2013,「足湯ボランティア『つぶやき』質的分析」, 震災がつなぐ全国ネットワーク, 2013,『東日本大震災支援活動の記録vol.2』: 20-25.
宮城県, 2011,『宮城県震災復興計画——宮城・東北・日本の絆　再生からさらなる発展へ』.
溝口宏平, 1998,「実存」, 廣松渉編『哲学・思想辞典』岩波書店: 668-669.
村井雅清, 2000,「阪神・淡路大震災から生まれた『まけないぞう事業』から考察するボランティア（フィールドレポート）」『ボランティア学研究』(1): 75-85.
永松伸吾, 2011,『キャッシュ・フォー・ワーク——震災復興の新しいしくみ』, 岩波書店.
西山志保, 2008,「多様なボランティアが切り開く新たな市民社会——被災地NGO協働センターの活動展開から」, 似田貝香門編『自立支援の実践知——阪神・淡路大震災と共同・市民社会』東信堂: 47-76.
似田貝香門, 2008,「市民の複数性——現代の〈生〉をめぐる〈主体性〉と〈公共性〉」似田貝香門編『自立支援の実践知——阪神・淡路大震災と共同・市民社会』, 東信堂: 3-29.
———, 2014,「災害からの復旧・復興の『経済』economy複合体——新たなモラル・エコノミーを求めて」『地域社会学会年報』(26): 135-152.
農林水産省, 2011,『2010年世界農林業センサス報告書——宮城県』.
額田勲, 1999,『孤独死——被災地神戸で考える人間の復興』, 岩波書店.
岡田知弘, 2012,「農村漁村の復旧・復興の在り方——『人間の復興』を中心にした地域経済の再生」,『農林業問題研究』(188): 11-20.
関礼子, 2014,「強要された避難と『生活（life）の復興』」『環境社会学研究』(18): 45-59.
田代洋一, 2011,『シリーズ地域の再生5 地域農業の担い手群像——土地利用型農業の新展開とコミュニティビジネス』, 農山漁村文化協会.
鳥越皓之, 1997,『環境社会学の理論と実践』, 有斐閣.

◆論　　文

安室知，2012,『日本民俗生業論』，慶友社.

　　本研究の成果の一部はJSPS科研費24530613（研究代表者：清水亮）及びRISTEX戦略的創止研究推進事業研究開発プロジェクト「いのちを守る沿岸域の再生と安全・安心の拠点としてのコミュニティの実装」（研究代表者：石川幹子）の助成を受けたものである。また、本研究の調査に協力して下さった方々に厚く御礼申し上げます。

◆論文

若者の地域参加に向けた組織構造に関する一考察
――千葉県柏市のまちづくり団体を事例に――

松山 礼華

1 問題の所在

　本稿の目的は、都市政策の重要課題である「中心市街地活性化」に地元の若者たちが取り組み、一定の成果を挙げている千葉県柏市の団体（ストリート・ブレイカーズ）の事例分析を通して、若者の地域参加を可能にしている組織構造の特質を明らかにすることにある。

　近年、若者の地元志向の高まりが指摘されている。三浦展は、一都三県に住む2003年時点で27歳〜33歳の若者に5年から10年後どこに住む意向かを問う調査において、90％が今住んでいる都県に住むと回答していること、さらに一都三県を14区分に分割した場合、83％が今住んでいる地域に住むと回答していることを明らかし、「ほとんどが今住んでいる沿線、地域に固定していく」（三浦 2005:250）という現象を指摘している。

　若者が地元への定住志向と愛着を強めている背景には、地元での友人とのつながり志向の高まりがあることは多くの論者が指摘してきた。例えば浅野智彦は、内閣府が実施している世界青年意識調査（全国18歳〜24歳の男女対象）で「現在住んでいる地域への愛着度」を尋ねる質問に「好き」「まあ好き」と答える若者の割合が、1977年から2008年まで一貫して上昇していることを指摘した上で、その理由を尋ねる質問において、「友だちがいるから」と答えた者の割合が最も高かったこと等から「『地元』というのがその物理的配置や機能性よりも人間関係においてこそ評価されているらしい」（浅野 2011: 16）と述べている。

　若者論の研究分野からは、このような地元におけるつながり志向は、同質的・内閉的な人間関係をもたらしているとの指摘がなされてきた。たとえば土井隆義は「昨今の若者たちが地元志向を強めているのは、(中略) いわば存在論的な不安を抱えているからである。(中略) 見知った狭い人間関係のなかで誰からも傷つけられず、また誰かを傷つけることもなく、自分らしさを失わずに地道に生きていこうとしても不思議ではない。」（土井 2010: 107）と述べている。気の合う友人（ジモティ）と同質的な側面のみでつながり、携帯メールやSNSを通じてそのつながりを維持している若者たちは、地元で「親密性」を軸とした人間関係を形成していると言える（土井 2006, 2010）。

　他方、若者の地域活動への参加は低調であることも各種調査から確認できる。例えば上述の浅野は、2007年に行った調査（杉並区16〜29歳の男女対象）において、85％以上の若者が地域の行事に大人と一緒に参加することがあまりない、あるいは全くないと回答していることを挙げ、「若者の地元志向と、大人たちが考えるような『地域参加』『地域活性化』と

の間にはかなり大きな溝があるというべきだろう。」（浅野 2011: 27）と指摘している。ここからは、地域社会学の主要な研究テーマの一つである「地域における『公共性』の再編成」（地域社会学会年報 14 集の特集テーマ）に若者が接点を持ちにくい状況であることが理解できる。

同年報にも論考を寄せている田中重好は、現在、国家によって独占されてきた公共性のあり方が転換し、各地域が全国一律ではない「地域の公共性（地域的公共性）」を形成していく土壌が準備されたと述べる。そしてそれば「地域の共同性」から創出されていくとした上で、そのプロセスを捉えるモデルを以下のように提示している（田中重好 2010）。

地域住民間には、同地域に住んでいるという「場を前提とした共同性（場の共同性）」がある。この段階の「共同性」は、住民たちが共有しているはずの地域的利害や、地域への帰属感を意識していないため「潜在的な共同性」と言える。そこから住民たちが、地理的範囲や社会的立場の共有に基づく共同の利害を自覚しはじめると、それは「自覚的な共同性」となる。さらに、住民が共同で社会的・具体的に行動していく契機を獲得すると「目的を持った共同性」へと深化していく。「目的を持った共同性」は「協働」あるいは「協同」と同義であり、それは「複数の個人や集団が、行為を調整しあって共通目標を達成する相互行為の過程や関係」（合原 1988：210 より重引）を指す。「潜在的な共同性が自覚され、さらにそれが一定の目的を持った共同性へと鋳直されることが必要となる。そのとき初めて地域の共同課題の解決へ、さらに公共性の獲得へと人々は動き出すことになる。」（田中重好 2010：82）

田中は共同性から生れた「地域的公共性」には「小文字の公共性（人々のまちづくりの理念となる言説としての公共性）」と「大文字の公共性（政策的公準として制度化された公共性）」があり、複数の「小文字の公共性」が競い合うことによって「大文字の公共性」へと結実していくと述べる。そして、都市社会において、他人性を前提とした「共同性」から、「地域の公共性」が形成されていくプロセスを捉えることが地域社会学の役割であると述べている。

しかし、若者世代に焦点を据えてこのプロセスを捉えていく地域社会学的研究は蓄積されていない。若者論の知見に依れば、地元志向の若者たちは「場を前提とした共同性」を重視してはいるが、それは同質的な親密性を軸として形成されたものであり、「目的をもった共同性」や、その先にある「地域の公共性」を形成する回路は見いだせていない傾向にある。

どのような組織的仕組みによって地元における若者の社会関係は、その回路へと接続されていくのか、本稿のフィールド調査を通して浮かび上がらせていきたい。

2　フィールド概要と調査方法

2.1　フィールド概要

柏市は、1950 年代より東京のベッドタウンとしての開発が進められてきたこと、また主要幹線道路（国道 6 号・16 号線）が走る交通の要衝として機能し、2000 年代以降は郊外型の大規模商業施設が多数出店していること等から、首都圏の都市郊外としての一般性を有するエリアと位置づけることができる。

また近年、都市における中心市街地の衰退が全国的に指摘されているが、柏市もこうした

動向を共有している。1970年代より柏駅周辺の中心市街地は、県北西部の中核商業都市という地位を確固たるものとしたが、2000年代からは市域における大型商業施設の増加と小売年間販売額の下降傾向が顕在化し、相対的地位の低下が懸念されるようになっている[1]。

このような社会状況を背景とする1998年、ストリート・ブレイカーズ（以下ストブレ）は柏商工会議所青年部の創立20周年事業として立ち上げられる。「若者と街の接点づくり」という事業テーマは、商工会議所青年部の有志メンバーAたちによる2年間の調査活動を経て練り上げたものだった。有志メンバーたちは、駅前エリアでの街頭インタビューを通して、若者世代がストリートミュージックやダンスなど、まちづくりの資源となる独自のカルチャーを持っていること、また、若者に支持されるファッションショップが増えていることなどを背景に柏に住むことを誇りに思う若者が多数存在することを見出していく。そこで、若者文化をまちづくりに活かすことを目的とした「塾」が発案され、駅中の看板・ポスター・柏市報などを通した募集が行われる。

18歳から25歳までの約60名の応募者全員を塾生として迎え入れたストブレは、ストリートミュージシャンやダンサーが出演するステージコンテスト等を手がけて一度解散する。しかし、塾生たちから再結集の希望が出され、2000年に地元民間の連携組織（柏駅周辺イメージアップ推進協議会）に母体を移行させて活動を再開させる。

その後のストブレの精力的な活動は、マスメディアで度々取り上げられ、柏の中心市街地は「若者の街」として知名度を上げていく。

ストブレの特徴は、若者世代に共感・支持される企画を志向し、音楽・ファッション・フードを軸とした若者文化を積極的に取り込んでいることにある。メンバーの多くが20〜30代の若者であることも特徴であり、筆者が参与観察期間に活動していた30名程度のメンバーのうち、その6割強にあたる20名程度が20〜30代の若者であった。ボランティア活動団体における若年層の割合の高さは、全国平均を大きく上回っている[2]。

以下は、筆者の参与観察期間に活動していた20〜30代のメンバーの学歴と職歴である[3]。

2010年〜2014年の参与観察期間におけるストブレメンバー（20代〜30代）の学歴・職歴一覧

	性別	学歴	職歴		性別	学歴	職歴
1	男	四大卒	ソフトウェア関連会社→保険会社	11	女	四大卒	美容院経営→頻繁に転職（事実上フリーター）
2	男	四大卒	広告会社→建築関連会社→飲食店・イベント会社経営	12	女	四大卒	IT関連会社
3	男	四大卒	料理店→不動産会社→フリーター→弁当配達業経営	13	女	四大卒？	フリーター（現在は雑貨ショップ）
4	男	四大卒	飲食店	14	男	四大卒？	農家
5	男	四大卒	広告会社→建築事務所→飲食店経営	15	男	高卒	保険会社⇒運送業
6	男	四大中退	無職→不動産会社	16	男	職業訓練校（農業大学校）卒	農家
7	男	四大卒	フリーター／歌手	17	男	専門学校卒？	病院調理員→刑務所調理員
8	男	四大卒	小売店	18	女	専門学校卒	幼稚園教諭
9	女	四大卒	地域タウン誌編集業→飲食チェーン店（弁当）	19	男	大学院在籍	大学院生
10	女	四大卒	芸能事務所→フリーアナウンサー	20	女	四大在籍	大学生

半数以上が四大卒となっているが、いわゆる上位校と呼ばれる大学ばかりではないため、卒業後の職歴は多様であり、雇用の形態や条件の多様化が言われる若年労働市場のあり様を

◆論　文

映しだすものとなっている。

2.2　参与観察期間におけるストブレの活動概要

本稿がフィールドデータとして用いる 2010 年～ 2014 年、ストブレは「手づくりての市」「ジモトワカゾー野菜市」「音街」「まち研究」の 4 つの部会に分かれて活動を展開していた。ストブレの代表は、1998 年から引き続き元青年部メンバーの A が務めていた。本節では、「手づくりての市」「ジモトワカゾー野菜市」「音街」部会の活動に焦点を当て、これらの部会が関わりを持っていたアクターおよび立ち上げたプロジェクトを紹介する（「手づくりての市」部会と「ジモトワカゾー野菜市」部会は、部会発足当初および 2015 年度以降は 1 つの部会として活動しているため、以下からは"ての市・野菜市部会"と記述していく）。

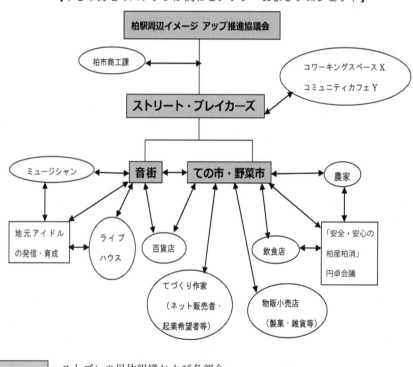

【中心市街地でストブレが関わるアクターおよびプロジェクト】

　この時期のストブレは、それまでの活動実績を背景に母体である柏駅周辺イメージアップ推進協議会と、柏市商工課に対する高い自律性を保持し、両者から中心市街地活性化に向けたイベント事業を一任されている状況にあった。
　コワーキングスペース X は、地域を拠点とするクリエイターや起業希望者等がスペースを共有して仕事を行う施設であり、コミュニティカフェ Y は、一般市民が曜日限定のゲスト店長として料理を振る舞うカフェである。双方ともストブレメンバーの C が立ち上げた

同一会社によって経営されている。ストブレはコワーキングスペースXを全体会や部会ミーティングを行う拠点として活用している。またコミュニティカフェYは、ストブレメンバーたちが地元の若者たちとの交流を深める場となっている。

音街部会は、地元のストリートやライブハウスで活動するミュージシャンが出演する駅前の野外ライブの開催を主事業としている。関係する地域アクターとしては、駅周辺のライブハウス（ストブレからライブハウス関係者への出演依頼を通したつながり等）や、駅前有名百貨店（百貨店からストブレへのイベント依頼を通したつながり等）を挙げることができる。「地元アイドルの育成・発信」は、店舗前スペースを活用する事業としてストブレが百貨店に2012年に企画提案し、その後も継続的に取り組んでいるものである。

ての市・野菜市部会は、制作者自身が手づくりの雑貨やフードを販売する「手づくりての市」と、若手農家自身が野菜を販売する「ジモトワカゾー野菜市」を駅周辺の神社で毎月開催している部会であり、消費者・生産者間のコミュニケーション促進や、中心市街地における人々の回遊性向上を事業目的としている。市の当日に、地元の飲食店と農家のコラボレーションによる料理販売イベントや、手づくり作家が講師となる小物づくりイベントなどが開催する他、地域貢献を目指す百貨店からの依頼により、出展農家の見学ツアー等も行っている。また2011年から2012年にかけては、原発事故後の「ホットスポット問題」に取り組むため、農家・飲食店・一般市民のネットワーク「安全・安心の柏産柏消」円卓会議を立ち上げ、その事務局を務めている。

2000年代以降の若者は、消費文化を内面化しながらも"コミュニケーション"や"つながり"をより重視するライフスタイルを志向しはじめ（鈴木2012；浅野2013）、都市にはそれを促進する舞台としての機能を求めるようになっていくが（五十嵐2008）、ストブレはこうした都市へのニーズを巧みに取り入れ、訴求力のある企画を実践してきた。出演者・出展者としてストブレ事業に関わる住民は、それぞれのメリットを享受しながら中心市街地活性化に向けたアクターとなっていく。来訪者はイベントへの参加を通して、異なる社会的立場の住民と出会い、中心市街地の活性化に寄与する回路に接続されていく。ストブレは「若者の街」というコンセプトを通して、中心市街地で多様な人々が出会うネットワークの媒介項となっているのである。

2.3　中心市街地活性化に向けてストブレが果たした機能

上記のストブレの取り組みは、まちづくり論における「外部性の問題」の解決に資する機能を発揮していると捉えることができる。石原武政は、商業集積地に必然的に生じる「集積地全体の魅力と賑わいをどう確保するのか」という問題を、各店舗内部の問題（店舗設計やマーケティング）と対置させる形で、「外部性の問題」と規定する（石原2006）。そして外部性の問題に対しては、商業集積地全体として景観や品揃えを高水準に保つための取り組みや、商業集積地に統一された独特の空間的意味を付与していく取り組みが必要であるとした上で、「まちづくりは、ほかならぬこの外部性の問題として理解できるのではないか。」（石原2006：236）と述べている。

ストブレは数々のイベントを通して、外部性へのアプローチに必要な空間的意味を確立さ

せ（若者の街）、柏来訪者の回遊性、滞在時間の増大に貢献しているが、それは、メンバーがそれぞれの解釈枠組みにおいて外部性問題を地域課題として捉え、その解決を志向することにより達成されている。

こうした活動経緯を先の田中重好の理論枠組みに依拠して捉えると、若者が中心市街地の課題を認識し、多様な住民と共に、外部性の問題にアプローチするアクターになっていくことは、彼らが地域で「目的を持った共同性」を形成しているということになる。上述のようにストブレは、消費文化の下でつながりを志向する若者のニーズに応えるイベントを発信してきたが、メンバーたち自身は、ニーズを満たし楽しむ立場を超え、多くの人たちに受け入れられるイベントを通して中心市街地を活性化させる「目的を持った共同性」を形成していく必要があるのである。また、彼らが団体活動を通して、「若者の街」という言説や空間的意味を練り上げていくこと、それらが柏市の一つのまちづくり理念として正当性を獲得していくことは、彼らが地域で「小文字の公共性（まちづくりの理念となる言説としての公共性）」の形成に関与していると捉えることができる[4]。

次節からは、それらがどのような組織構造を媒介に形成されていくのかを検討していく。

2.4　調査方法

本稿では、ストブレメンバーとしての活動を通して行った参与観察と、メンバーへのインフォーマルおよびフォーマルな聞き取りから得られたデータを用いた分析を行う。

参与観察データは、2010年7月から2011年7月、および2013年7月から2014年12月までのものを用いる。筆者は、2014年以前はどの部会にも属さず、各イベントを手伝う立場で参与観察を行い、フィールドの全体像の把握に努めた。2014年からは「ジモトワカゾー野菜市」部会メンバーとなり、事業に関わりながら企画推進プロセスの詳細な把握に努めた。

フォーマルなインタビュー調査は2014年12月～2015年5月にかけて5名に行った。インフォーマルな聞き取りは活動に参加している際、随時行っている。

3　分析視角

本稿では、ヒエラルキー型・ネットワーク型という二つの組織社会学的概念を分析枠組みに据え、ストブレの組織構造を検討していく。

ヒエラルキー型とは、資源・権限を集中的に保持した組織の上層部がその目標を定め、トップ・ダウンのツリー構造を前提に人々の他律的な参加を促していく組織構造を指す。

一方のネットワーク型とは、一定の目的・価値を共有する人々が自主的・自律的にコミットメントする緩やかな協働システムを指す。

朴容寛は、ネットワークの性質を中枢性格と周辺的性格に分けた議論を展開している。中枢的性格はメンバーの自律性と目的・価値の共有・共感、分権的な水平構造であり、これがヒエラルキー組織から区別する基準となる。周辺的性格は、目的と手段の可変性を認める余裕・冗長性、二つ以上のネットワークに属するメンバーがそれらを交差・結合させていく

重複性、メンバーの自由な参加と脱退を常態とするオープン性であり、両者を兼ね備えたネットワークが、硬直化しない創造的ネットワークとなると述べる（朴 2003: 15-20）。そして、ネットワーク的性格をもつ社会関係のうち、一つの主体としてまとめられた意志決定が可能で、ある方向に向けて調整されているものを「ネットワーク組織」と定義している（朴 2003: i）。

脱工業化の進行や情報テクノロジーの発達を背景として、組織研究の領域では、組織構造をヒエラルキーを軸とした単純な線形因果関係ではなく、ヘテラルキーを軸とした複雑な相互因果関係（ネットワーク型）として捉える視角が前景化しており、それは組織理論におけるパラダイム・シフトとして位置づけられている（君塚 1994；田中豊治 2002；朴 2003）。

地域社会学の研究領域では、従来からの地域住民組織（町内会・自治体等）をヒエラルキー型、ボランタリー・アソシエーションや NPO をネットワーク型として位置づけ、それぞれの組織形態の形成・変容プロセスや、両者の接合の在り方に関する事例研究が積み重ねられてきた。それらは、ヒエラルキカルな組織構造がネットワーク型へと転換されていくプロセスに着目した上で、地域から生れる新しい公共性のあり様を提示するものとなっている。

本稿では、上記二つの組織概念を軸に据え、フィールド団体は二つの組織形態上のどのような布置にあるのかを主に「ての市・野菜市」部会の分析を通して明らかにしていく。まず次節では、中心市街地活性化に向けたアクターとして若者が活動することを可能にしているのは、ストブレのネットワーク型組織構造であることを説明する。続く第5節では、ストブレが「目的を持った共同性」を維持し得ている背景には、ヒエラルキー型の組織原理の併存にあることを明らかにし、両概念の関連性について検討する。

4　ネットワーク型ダイナミクスの展開

2000年代前半のストブレは、豊富な経験と社会資本を持つ青年部メンバーが活動をリードしており、新メンバーの呼び込みも青年部メンバーからの個人的声かけを主流としていた。しかし 2005 年から、メンバー数の減少と高齢化に対応していくため、メンバー募集は「柏マイスター塾」の塾生公募という形で行うようになる。「柏マイスター塾」とは、柏市の歴史や商業に関する学習会や、既存のストブレイベントの手伝い等を行う一年間のプログラムで、受講者は卒業制作として中心市街地活性化に向けたイベントの企画発表を行い「柏マイスター」の称号を得るというものである。

柏マイスター塾開催期からはじまる運営形態の変化としては、青年部メンバーから若者へリーダー層が移行していくことが挙げられる。筆者がフィールドワークを開始した 2010 年、A 以外の青年部メンバーはストブレへの関わりを弱めており、柏マイスター塾を通してストブレに入った若者自身が、リーダーあるいはフォロアーとしてダイナミズムを形成し、活発なネットワーク活動を展開していた。以下からはその内実を検討していく。

4.1　アイディアの多様性と可変性

「手づくりての市」は、2009 年にストブレメンバー C が柏マイスター塾の卒業制作として

◆論　文

　発表し、具体化された企画である。大手広告会社で柏の地域情報誌を担当していたＣは「駅から10分のところにすごくいい店があるんだけど、駅前チェーンがあるから駅周辺から人が広がっていかない。この10分を埋められたら」と考えていたため、「人の動線の伸ばす」目的で、駅周辺神社での「手づくり市」の開催を提案する。
　この企画には、資金的ゆとりのあるチェーン店以外の出店希望者が、低額の出展料で参加できる場をつくりたい、というＣの思いがあった。

　Ｃ「集まったライブ感で、ちょっとお祭りやってるような感じですよね。屋台みたいな。もうその事実だけで人〔客〕を呼べるだろうなって思った」

　企画の実現のために立ちあげられた部会には、20代の会社員4名と40代の主婦1名が集まり、打ち合わせを進めていく。その時の様子をＣは以下のように語っている。

　Ｃ「〔僕は〕ぶれないルールをつくっていただけで、なんかちょっと納得いかねえなあ、と思ったら、もう一回そもそものところに立ち返って落としどころをつける、みたいなことはたぶん部会の中ではよくやっていた気はするけど」

　手づくり市を「ての市」とネーミングすること、野菜市も同時に開催することを提案したのは、40代の主婦であった。このことに関して、20代メンバーは以下のように語っている。

　Ｃ「僕が提案したネーミングとか、何かこうあるべきだとかをそのまま押し通してたら、もしかしたら〔手づくり市が〕企画者の僕主導のものになってたかも知れないけど。でも、名前を誰かが決めてくれたり、アイディアを出してくれたりしてるから、たぶん"ての市"がずっと続いているんだなって」
　Ｂ「〔野菜市を同時開催することに関して〕別開催でもいいかなって思ってたところはあるよ、やっぱりコンセプトとかでも、ぶつかるところもあったり。でも結果的にね、あれは集客という意味で一緒にやってすごいよかったと思ってる。野菜を買いに来るおばさま達がいっぱい来たの」

　ここでＢが述べている「集客」とは、単にての市の収入を増やすという意味での「集客」ではない。「手づくりての市」を始めた初期の頃、Ｃも含め20代のメンバーたちは、若い女性やファミリー層をターゲットに、クオリティの高い作品が並べられた市を目指していた。しかし、開催を続けていくうちに目指すものが変化していく。

　Ｂ「〔作品の〕クオリティの高いのばっかり呼んで、ほんとにいい市をつくろうと思って、レベル高い人ばっかり呼んでたけど、そういうのじゃなくてもいいんだな、っていうのが、後々分かってきてさ。そういう敷居の高い市にするっていうのが、別に俺らの目的ではなくて、なんか発表したいって思ってる人もいっぱいいるっていうのも分か

ってきたし。そういう人が集まってやってる市っていうのも、結構お客さんが集まるっていうのも分かってきて。結局俺らが作りあげようとしていたものっていうのが、実情に合ってなかったんじゃないかなっていう」「コンセプトをこっちがキメキメで提供するんじゃなくて、実際やってみたら、いろんなお客さんがいて、いろんな作品を見せたい作家さんがいる。雰囲気なんてもんは後からできればいいってスタンスになった」

　Bは、当初のコンセプトが「実情にあっていない」と気づいた一つのきっかけとして「一番最初の時期って、お客は〔野菜市の〕野菜を買いにくる大人ばっかりだったから」と語っている。クオリティの高い作品が出展されていなくても、市を楽しむ人がいるという住民ニーズに気づくきかっけの一つは、「手づくり市と野菜市を同時開催したい」と提案したメンバーがいたという、部会内部のアイディアの多様性からもたらされたものだったのだ。そして「手づくりての市」は、イベントのコンセプトをより多くの人々に開かれたものへと変化させていく。

　このようにメンバーたちは、部会内部におけるアイディアの多様性をメリットとして活かしながら、出展者確保に向け、住民との関係づくりを進めていく。ここからは「駅周辺から人が広がっていかない（C）」現状に対して「中心市街地の活性化をミッションとしている俺らとしておもしろくなかった（B）」という価値を共有するメンバーたちが、対等な関係を築き、目的や手段の可変性を認めながら企画を具体化していく「ネットワーク組織」としての活動原理が見出される。代表のAが毎回の会議に参加することはなかったが、出展者の候補をメンバーに紹介する側面的サポートは行っている。朴は「〔ネットワーク組織の〕リーダーの役割は、コントロールではなく、ネットワークの諸活動がうまくできるように促進したり、サポートしたりすることである。」（朴 2003:16）と述べているが、Aはそのような役割を担っていたと言えるだろう。

　こうした準備期間を経て始められた「手づくりての市」と「ジモトワカゾー野菜市」は、毎月、敷地一杯に出展者が並び、約1500人の来訪者で賑わうイベントへと成長していく。

4.2　メンバーシップの多様性

　市の当日も、ネットワーク組織としてのダイナミズムを確認することができる。「ての市・野菜市」部会のメンバーは市の当日、朝7時から夕方6時頃まで設営・受付・ビラまき・撤収等を行う。部会以外のメンバーの関わりは多様であり、一日神社にいる者、設営だけに参加する者、客として買い物に来る者、勤務の合間に様子を見に来る者、パンフレット製作だけに関わり市には顔を出さない者等、様々な姿が確認される。関わりの深度にも階層性があり、毎回事前準備から関わり、当日の進行にも積極的に関わる者と、当日参加をたまにするだけの者とが混在している。

　こうした参加形態の多様性・階層性は他部会の活動にも見られるもので、ストブレのメンバーたちは、参加の形態と深度を自由に選択しながら各事業に関わっている。団体内外の境界が緩く（ストブレの入会・脱退には明確なルールが存在しない）、多様な参加形態を許容

するこうした組織運営は、「オープン性の維持」と「余裕・冗長性の許容」をネットワークの機能要件とする朴の議論に適合するものである。

ストブレが、一般住民をメンバーとする事業（「安全・安心の柏産柏消」円卓会議や地元アイドルの発信・育成事業等）や、複数部会のコラボレーション企画（音街部会のライブ会場で、「手づくりての市」出展者が販売を行う等）を随時実施できているのは、団体内外の社会関係資本を柔軟に取り入れるネットワーク型の組織運営を基礎としているためだと考えられる。

4.3　ネットワークの波及性・重複性

ストブレ内のネットワークは、ストブレの外部にまで波及していく。部会活動を通じてCと信頼関係を築いていたBは、Cがコミュニティカフェ Yを立ち上げた際、「店が潰れないように彼を応援したかった」ため、常連客となり、そこに集う地元の若い個人事業主たちとの出会いを重ねていく。またゲスト店長として厨房に立つようにもなる。

コミュニティカフェ Yに出入りするメンバーはBだけではない。音街部会で活動するDは出産を機に、母親同士が集う「ママカフェ」をそこで開催するようになる。そして、そこで企画した「子どもにかかるお金」をテーマしたミニ講座に、保険会社に勤めるBを講師として迎えている。他にもコミュニティカフェ Yでは、「手づくりての市」のパンフレットのデザインをしているメンバーが常連客になっていたり、音街部会のメンバーがバンド演奏をしていたりという事象が生じている。ここからは、ストブレ内の人間関係が重複しながら外部へと波及し、「若者の街」という意味空間を形成する結節点を増やしていることが確認できる。

5　ヒエラルキー型とネットワーク型の創造的共存

ここまで、ストブレがネットワーク組織としての性質を備えることで「目的を持った共同性」を維持し得ていることを見てきた。しかしこの組織形態は、メンバーシップの多様性ゆえに共同性を維持しきれず、メンバーの離散や、活動の混乱・停滞を招く可能性を内在させている。また、若者が立場や意見の異なる他者と折り合いをつけられず、親密性を軸とした関係性に埋没していく可能性も排除できない。

フィールドワークからは、ストブレにはヒエラルキー型の組織構造が常時併存し、「目的を持った共同性」に揺らぎが生じた際は、その活動原理を顕在化させていることが確認できた。ストブレの役職体制を概観した後、ヒエラルキー型の活動原理が反映されている事例を検討していこう。

5.1　ストブレの役職体制

ストブレは図の通り、運営委員長（代表）、事務局長および監査、部会長、各部会メンバーというツリー型の役職体制で運営されている。部会長以上の役職をもつメンバーたちは、定期的に部会長会議を開き、団体としての方向性や企画内容を議論している。

部会長以下のメンバーはこの会議へ参加はしておらず、各部会ミーティングで会議の報告を受けてから事業に関わっていく。部会ミーティングで各メンバーは自由に意見を出すことができるが、部会長のみが、代表や事務局長と討議する時間と場を持ち得ているという意味で、彼らの資源・権限の中心性を指摘できるだろう。

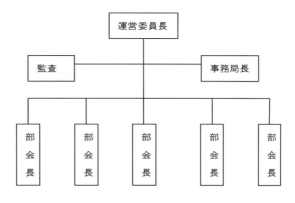

ストブレはこのような階層構造により組織の安定性（コンセプトの一貫性、諸活動の統合性・効率性など）が維持されているのである。代表や部会長という上層部に対する信頼を各メンバーが共有していることもストブレの特徴と言える。

5.2 ヒエラルキーの発動・反映
(1)友人アーティストを呼びたい

「手づくりての市」は、年に数回、駅前と神社をつなぐ大通りを歩行者天国にし、両脇に出店者テントが立ち並ぶ「拡大版ての市」を開催する。BとCは、この市の「客寄せ」のために、路上でアーティストがペイントをし、そのバックでドラマーが演奏をするというイベントを計画する。アーティストは、二人の共通の知り合いであった。ところがAは、この企画にストップをかける。

> A「ての市には（中略）漸進的・前衛的すぎるようなドラムを無言で30分たたくとか、いらんと。彼らは酒飲んだ調子に親友だから、やれやれよって言ったんですよ。ダメだって言ったのに、前日まで断り切れずにいた。しょうがなくって僕はアーティストとその二人を呼んで"お前らに何度も言ったよな、ダメだって。なんでこの人に言わないんだ。失礼じゃないか"って」

BとCはAを説得しきれず、後日、友人アーティストのところに「土下座をして」謝りにいったという。この件に関して、BとCは以下のように述べている。

> B「これは、ての市のコンセプトと合ってるのって言われて、確かに合ってない部分もあるかもしれないけど（中略）別に、集客のためのコンテンツで賑やかし的なものがあったっていいじゃんっていうことはあって。結局ダメって言われたね。」「結局なあなあ感みたいなのは結構嫌いなんだよ、Aさん。友だちだからいいじゃないっすかっていうのは、絶対許さないから」
> C「本質を、継続していく上で楽な方に流れんなよってことをAさんは言いたいんだと思うんですよ、全てにおいて。いいなって思ってても、ほんとにそれはいいと思ってんのか、言いやすいからだろ、みたいな。友達だからだろ、断れねえからだろと。

◆論　文

　〔筆者：Aさんはメンバーを育てるためにあえて言っている？〕あと守るため、コンセプトを。
　〔筆者：今は納得できていますか？〕うん、それをどうやってこう、コンセプト返ししていくかっていう、まあ、あったりする」

　友人アーティストを呼ぶ「拡大版ての市」の企画は、Aによる実行不可の通達がなければ、「友人のよしみ」でそのまま実行されていただろう。しかし、Aが事業コンセプトを基に再考を迫り計画は頓挫する。そして二人は"友人だから"という理由を越える「コンセプト」と向き合わなければならない状況に立たされたのである。では、Aのいう「コンセプト」とは一体何であろうか。

　Aはこの事例以前にも、メンバーが提案した音楽企画——市内にある複数のライブハウスに地元ミュージシャンを配置し、チケットを購入した客がそれらのライブハウスを回って歩くという企画——を実行不可と判断したことがある。その理由としてAは、「僕らは〔チケット販売を通した〕金儲けはやらない」「結局、メジャーじゃないミュージシャンを集めてそれを見て歩くっていう文化がこの街にあるかってことですよ」と述べている。また別の語りのなかで彼は、「ウケることをやってるかってことなんで、内容的にね。結果、人が集まったとか、〔マスコミに〕何取り上げられたとか、そういう結果を出してるっていう部分が15年も〔ストブレが〕続いてる〔理由だ〕と思うんだよね」と述べている。

　Aの一連の発言からは、団体の利潤や個人的嗜好、また仲間内での親密性の追求を排し、柏の街で広く受け入れられる公共財としてのイベントを創り上げるという一貫した視点を見てとることができる。Aが堅持しようとする事業コンセプトの根幹もここにあるだろう。よって彼は、「拡大版ての市」で一部の人にしか理解できない「前衛的すぎる」ドラムを披露することを良しとしなかったのだと考えられる。Bの言う「集客のためのコンテンツの提供」というコンセプトも中心市街地活性化という団体目的に沿ったものではあるが、Iは街全体を俯瞰する視点に基づき、そのコンテンツが幅広い住民に開かれたものであるのかを問うたのである。その結果、BとCおよびアーティストの親密な関係性は「拡大版ての市」での企画を介して維持されることにはならなかった。

　このようにストブレには、親密性ではなくコンセプトを軸とした人間関係の構築を求める価値規範が常に存在している。Aが代表としてその価値規範を発信し続けることにより、メンバーたちは、親密な関係を越える社会関係を地元で築き、中心市街地活性化という地域課題に取り組むことが可能になっていると考えられるのである。

(2) 警察署との度重なる交渉
　「拡大版ての市」は、駅前の大通りを使用するため、警察署に道路申請使用費を支払う必要がある。開催当初は、ストブレとして1団体分（2200円）の費用を支払うことで使用許可を得ていた「手づくりての市」だったが、途中から「100店舗出店しているのであれば、100店舗分の申請書と費用および出店者リストがいる」と警察から指示されるようになる。事前に各店舗の出店場所を把握しリスト化することの非現実性と、警察の頑なさへの不満を

感じたCは、この指示を撤回させるため警察署に赴き、度重なる交渉を続ける。「意味合いを懇々と話して。何回通ったのかな、ちょっと分かんないけど。で、最後の最後に後ろからなんか偉い人が来て"いいよ"と。で、2200円でっていう既得権益を勝ち取ったっていう」。Cは、「そのような行動力を発揮できたのはなぜだと思うか」という筆者の問いに「いや、僕は最後の最後はどっかで、ストブレが予算を持つっていう腹は括ってましたけどね」「最終的にはもう、〔ストブレに〕すみませんでしたって言うしかないかなって思ってたけど」と話している。

　Cが警察署と度重なる交渉ができたのは、彼自身が述べているように「最終的に"すみませんでした"と言えばいいや」と思える安心感をストブレが提供できていたことが大きいのではないだろうか。

　上述のようにストブレは、ネットワーク型組織としての豊かなダイナミクスを創造している。その一方で、Aをリーダーとするツリー型の役職体制が存在し、時に活動への水路づけも行われている。メンバーたちの紐帯は、ヒエラルキー型とネットワーク型双方の形態を共有することにより、安定性を高めていく。Cが感じた安心感とは、ストブレが持つこうした組織形態と紐帯の安定性からもたらされたものだと考えられる。それは、脱中心的・分権的な構造と、目的の可変性を前提とするネットワーク型の活動原理だけではなく、価値の中心性とツリー構造を前提とするヒエラルキー型の活動原理との融合があって初めて形成されるものである。前節でみた「手づくりての市」の立ち上げ期にメンバーたちが、異なる意見に対して排除や迎合をすることなく、発展的なコミュニケーションをとっていくことができたのも、ストブレのもつこうした安定感・安心感に依るものと解釈することができる。

6　知見

　フィールドの若者たちが「目的を持った共同性」や「地域の公共性」の形成し得ているのは、ネットワーク型・ヒエラルキー型双方の活動原理を融合させた組織構造の存在があることを論じてきた。

　上述のように組織論の領域では、ヒエラルキー型からネットワーク型への組織構造の移行は時代が要請するパラダイム・シフトであるとされており、都市論や地域社会学の領域においても、両者の併存や連続性を視野に入れつつネットワーク型の活動原理の意義に着目する論考が多い（築山2001；久2014他）。しかし本稿の事例からは、若者の地域参加においては、ヒエラルキー型の活動原理も優れた有効性を発揮していることが見いだされた。ストブレメンバーたちは普段、ネットワーク型の活動原理が前景化した組織で活動を展開しているが、それはヒエラルキー型の役職体制に下支えされており、「目的をもった共同性」に停滞や揺らぎが生じた際は、ヒエラルキカルな活動原理が発動されている。このことにより若者は親密性を軸とした関係性に傾倒・埋没することなく、多様な地域資源に結びついていくことが可能となっていた。ヒエラルキー型の活動原理は、ネットワーク型の活動原理との対抗関係にあるわけではなく、ネットワーク型活動を促進していく機能要件となっているのである。

　またヒエラルキー型の活動原理が「抑圧」としてではなく「楽しさ」「やりがい」として

◆論　文

　感受されていることも注目に値する。メンバーたちの「色々なところに連れて行ってもらい、今までの自分にはない世界を見ることができた。考え方や視野が広がった」「部会長会議の中でいろんなサジェスチョンはあって、ダメという判断もされる。でも頭ごなしに否定もされないし、言ったことがよければ通る」「Aさんとはいつも言い合いになるんですけど、つっかかってくるのを待っている気がする。言い合いで負けてしまうことも多いけど。未だに勉強させてもらっている」という語りからは、彼らが、水平関係を基本とするネットワーク型にはない活動原理がもたらす社会関係の広がりや、企画推進のあり方に魅力を感じていることが確認できる。

　組織構造の重層性・多元性に着目し、ヒエラルキカルな活動原理がもつ機能をも評価する視点をもつことにより、地域参加のアクターが持つ多様な実態や可能性を掬いあげていくことができるのではないだろうか。

　現在、まちづくりを含む地域活動では、世代間の継承性を維持していくことが重要な課題となっている。持続可能な都市をつくっていくためには、世代を超えた社会関係資本を地域で形成していくことが求められる。商工会議所青年部を母体として発足し、そのメンバーと若者が活動を継続させてきた本事例は、都市郊外で地域活動の参加世代を広げていくための有効な示唆を与えてくれる。

注
(1)　「柏市中心市街地活性化基本計画」参照
　　URL　http://www.city.kashiwa.lg.jp/soshiki/090700/p005660_d/fil/tw_plan.pdf
(2)　全国社会福祉協議会が2009年に行った全国ボランティア活動実態調査によると、構成メンバーのうち最も多い年齢層が60代である団体が41.4%である一方で、30代以下の団体は6%程度に過ぎないことが明らかにされている。(全国ボランティア・市民活動振興センター 2010:44)
(3)　情報は、インタビューやインフォーマルな会話その他を通して、筆者が把握し得た範囲のものとなっている。
(4)　ストブレは一連の活動実績が認められ、2008年認定の柏市中心市街地活性化基本計画における「柏駅周辺活性化イベント事業」の担い手として位置づけられる。このことは、ストブレが中心市街地の空間的意味を形成し、衰退化問題に応えていく存在として行政セクターをはじめとする地域社会から一定の正当性を付与されたことを物語っている。

文献
合原弘子, 1988,「協同」森岡清美・塩原勉・本間康平編集『社会学事典』有斐閣.
浅野智彦, 2011,『若者の気分 趣味縁からはじまる社会参加』岩波書店.
────, 2013,『「若者」とは誰か──アイデンティティの30年』河出書房新書.
土井隆義, 2006,「地元つながり、ネットつながり──鏡像化した人間関係の島宇宙」『社会学ジャーナル』筑波大学社会学研究室, 31: 23-50.
────, 2010,「地方の空洞化と若者の地元志向──フラット化する日常空間のアイロニー」『社会学ジャーナル』筑波大学社会学研究室, 35: 97-108.
久隆浩, 2014,「新たな社会システムとしての住民主体のまちづくり」近畿都市学会『都市構造と

都市政策』古今書院,198-208.
五十嵐泰正,2008,「ノスタルジー・ブームと00年代の『下町』」『社会学ジャーナル』筑波大学社会学研究室,33: 107-22.
石原武政,2006,『小売業の外部性とまちづくり』有斐閣.
君塚大学,1994,「組織からネットワークへ——組織論のパラダイム革新」宮本孝二・森下伸也・君塚大学編『組織とネットワークの社会学』新曜社,3-15.
三浦展,2005,『下流社会——新たな階層集団の出現』光文社.
朴容寛,2003,『ネットワーク組織論』ミネルヴァ書房.
鈴木謙介,2012,「若者のアイデンティティ」小谷敏・土井隆義・芳賀学・浅野智彦編『若者の現在 文化』日本図書センター,107-37.
田中重好,2010,『地域から生まれる公共性——公共性と共同性の交点』ミネルヴァ書房.
田中豊治,2002,『まちづくり組織社会学』良書普及会.
築山秀夫,2001,「町内会のリストラクチャリング——松本市蟻ヶ崎西区の事例を通して」『地域社会学会年報』13: 147-68.
全国ボランティア・市民活動振興センター,2010,『全国ボランティア活動実態調査報告書』社会福祉法人　全国社会福祉協議会.

◆自著紹介

小木曽洋司・向井清史・兼子厚之編
『未来を拓く協同の社会システム』
（日本経済評論社　2013年）

小木曽洋司

　本書は、愛知県名古屋市に事務局を置く特定非営利活動法人、地域と協同の研究センターが、2009年5月に設置した「生協の（未来の）あり方研究会」の成果である。このネーミングに含意された問題意識は次のところにある。第一に、1970年代から1980年代に全国で急速に成長した生協は、1990年代以降、その中核事業である協同購買事業で停滞し始め、現在も「低迷期」が続く。その中で2008年の「餃子事件」（中国産輸入冷凍餃子への毒物混入事件）が積み上げてきた安全への信頼を壊してしまった。このような停滞をどのように捉えるのか。第二に、グローバル市場経済化に対応する新自由主義的政策によってもたらされた格差社会の生活困難の解決の担い手として、生協の運動と事業をどのように再構築すべきか。言い換えれば、「新しい協同」をどこにどのように見出したらよいか。この二つである。この課題を考えるために、様々な学問分野の研究者と愛知、三重、岐阜の生協の幹部職員が構成メンバーになり、生協草創期を担った第一世代のリーダーや若い組合員などへの聞き取り、首都圏の生協を招いた公開研究会などを開催しながら、議論を継続してきた。本書では「あたらしい協同」のあり方を「東海モデル」として提示しようとした。当研究所の運営は、財政的にも、人的にも「コープあいち」「コープみえ」「コープぎふ」が支えており、研究会の問題意識は研究所のそれでもある。したがって、「東海モデル」は幹部職員にとって実践上の切実な課題であった。それが本書を生み出す大きな原動力であった。

　本書第1部「市民協同の新次元と生協」では6名の研究者が生協の今後の方向性を提示する。第2部は「東海モデルの模索：実践の場から」として4人の各生協の幹部職員と社会福祉法人の常務理事1名が協同組合への「思い」を現場の経験から述べている。紙幅の関係から量的にも大きい1部の各章を整理して紹介することとしたい。

　兼子厚之「第1章　期待される三段階の生協運動―同質化競争次元を超えて―」では、生協はスーパーなどの小売業との対抗を運営の基軸にすえるようになり、「同質化競争」への傾向を強めた現状を分析する。「同質化競争」は経営管理（マネジメント）の官僚制化として現れてくる。事業と運動が一体であった草創期の生協における現場の裁量権とそれを基礎に置いた組織のダイナミズムが失われたことで「生活の願い」を形にするという生協の存在価値が見失なわれたと見る。流通業としての生協の社会的役割は「売る」のではなく、生産から消費に係る様々なステークホルダーの協同による商品（価値）を生み出すところにある。第1章は協同組合人としてかつて「キャロットジュース」を開発した執筆者の思いを表現しているだけでなく、研究会の基本的な現状認識の基礎を提供している。

　向井清「第2章　21世紀生協の社会的役割」は、経済学の観点から「同質化競争」を「『公共領域の再編成』という今日的課題」の解決主体としてみなされなくなったことであるとして、その構造的要因を探っている。社会的利害調整システムとして機能していたコーポラテ

ィズムがグローバリゼーションによって崩壊し、その利害者であった労働組合運動の衰退とともに、この枠組みの中で成長した生協運動も衰退をたどるのである。しかし、今後新たな公共圏への場を用意する生協の可能性を、利益分配の制限性という特徴に見出す。この特徴は、その利益をどこに使うかについての合意に基づく再配分機能であり、他者への配慮を内包するからである。小木曽洋司「第3章　地域社会と生協の回路を求めて—『地域』と『生活』の分離と結合—」では、戦後、「地域」という自然と歴史から切り離された開発空間において、「生活」は閉じた親密圏としての私的空間として自立化したが、この私的空間を支持していた社会保障システムが放棄されたことによって「孤独死」問題などの困難が生じているとする構造的認識を提示する。その対応として「生活」を支える「地域」の再生という課題を担う市民の能動的な活動が形成されつつある。この過程をいわゆる「エリア型コミュニティ」と「テーマ型コミュニティ」の接合問題として捉え、生協がこの接合に果たす役割を具体的な事例で示した。この生活基盤としての地域社会を実体化させるために、生協の事業を商品事業から福祉事業をはじめとする総合的事業へと拡大していくことの必要を述べているのが、朝倉美江「第6章　地域福祉型生協への展望—コープあいちの実践から—」である。生協の福祉事業は、もともと1990年代からはじまった「暮らし助け合いの会」という組合員の内発的な活動を源流としており、福祉という概念を狭い「福祉サービス」から解放させ、ケアの「する側—される側」という権力構造を止揚する日常的な関係を形成することをねらいとしている。それを「地域福祉型生協」として表現している。

　近藤充代「第4章　現代社会における消費者の権利と生協への期待」は、社会法学の立場から「消費者主権」「賢い消費者」などと言われる消費者像の危険性を明らかにしている。この「強い」消費者像を前提にした消費者行政の規制緩和–事前型規制から事後チェック型へ–が進められているからである。消費者権利保全のための条件を整えてきたはずの生協もその不十分さが指摘される。「同質化競争」化によって低価格路線が優先されているからである。それに対して消費者権利に内在する制約性が指摘される。その制約とは生活者でもある生産者の生活権を無視した低価格を要求してはならないということである。「適正価格」を維持するために生協は生産者と消費者の連携の媒介項にならなければならない。同じく生産から消費までのステークホルダーを結びつける生協の役割を指摘するのが、有本信昭「第5章　消費と市民の側からの食と農そして生協運動–持続可能な食糧・農業・農村へのアプローチ–」である。東海圏は工業集積地でもあり、農業生産も高い圏域である。この圏域に住む生協組合員と農業者の距離は近い。こうした特性を活かした地産地消の循環型地域社会の形成を担う「生協またはもう1つの協同組合」への道を提起する。

　以上のように、本書は公共圏の再編成課題に対して生協がどのような役割を果たせるかを様々な角度から検討しているが、それは生協の脱皮問題ではなく、さらなる格差と競争社会へ向かうのか、相互承認と分かち合いの社会へ向かうのかの岐路にわれわれはいるということである。

自著紹介

古平浩著
『ローカル・ガバナンスと社会的企業：新たな地方鉄道経営』
(追手門学院大学出版会・丸善出版　2014年)

古平　浩

　地方鉄道の歴史は「廃線の歴史」と言われる。戦後の高度経済成長下のモータリゼーションの進展の影で、自らの存在感を失っていった地方鉄道。経営基盤が弱く、希薄な沿線人口など経営環境も悪い地方鉄道にとって、2000年3月1日の「鉄道事業法の一部を改正する法律」の施行（以下、鉄道事業法の改正）は、地方鉄道路線の切捨てという形で多くの課題を残した。新自由主義にもとづく規制緩和施策の一環で行われたこの鉄道事業法の改正によって、それまで地方鉄道の廃線の歯止めとなってきた需給調整規制の枠組みが崩れ、鉄路の廃止が増加していく。2000年以降の鉄路の廃止は、47線区延べ643ｋｍにも及ぶ。それ以前の2000年までの廃止路線が、日本国有鉄道(以下国鉄)の分割民営化以降の13年間で、17路線（国鉄線を除く）であったことからもその多さが際立っている。

　拙書で取り上げた地方鉄道の存廃問題は、先の鉄道事業法の改正が契機となる。1980年代以降の新自由主義あるいは新保守主義のイデオロギーは、自由市場、小さな政府、自己責任、自助・自立等の形で施策に反映されてきた。地方鉄道においても例外ではなく、鉄道事業者に対して事業活動の自由を与える一方で、事業業績を事業者責任とした。これはそれまで、需給調整規制によって保護されてきた公共交通（鉄道事業）の枠組みを根幹から変えるもので、公共交通の存在自体を問うものであった。かつての地域公共交通に独占力があった時代には効果を発揮したが、規制の枠外に存在する地域公共交通の代替財の役割をマイカーが果たす今日、さらなる公共交通の需要低下を招き、地方鉄道をはじめ公共交通機関の経営危機を招いていく。

　そしてその後、地方鉄道の存続とその運営のスキームについての議論が顕在化していく。これらの背景には、鉄道事業法の改正がきっかけとなった地方鉄道の運営に際しての諸問題の発生と、その解決策をめぐる合意形成のあり方にそれが起因している。鉄道事業はこれまで多くの場合、鉄道事業者の内部補助で経営が維持されてきた。故に当然ながら、経営の健全性という観点からすれば、不採算な路線は撤退が最良の選択だとする結論がありえる。しかしながら他方で、財務・経営の健全性以外の「新しい考え方」の存在が指摘された。それは、個人や地方自治体では対応が難しくなっている暮らしのニーズにきめ細かく対応し問題解決を図る仕組みが、問題意識を強く持っている住民らによって考えられ、こうした組織が地方自治体や企業などと協力、協働して地域の様々な課題に取り組む活動が広まっていったことである。そこでは、この地方鉄道の存続運動から、地域におけるガバナンス構造と市民協働のあり方が定義づけられ、ローカル・ガバナンス論の射程が取り込まれている。

　拙書では、沿線の地域住民が存続運動を展開させ存続させた事例として、万葉線（富山県高岡市ほか）、上田電鉄別所線（長野県上田市ほか）、和歌山電鉄貴志川線（和歌山県和歌山市ほか）をあげた。

第4章の「万葉線の存続運動をめぐって」は、存廃問題が持ち上がった当初は、決して一枚岩ではなかった行政、そして、資金的な負担を負うことを回避したい高岡・新湊の両商工会議所と、存続にあたり大きな壁があった。その中で、地元有志によるNPO「RACDA高岡」が行った住民との地道な対話が、存続に向けての賛同者を徐徐に増やしていく。この動きを受けて、高岡・新湊の両市議会は、富山県にあらためて万葉線の存続を要請。富山県知事は、この住民達の意向を汲み、万葉線への支援とその存続を決める。路線は、第三セクターの運営による「万葉線」として存続され、再出発を遂げた。この万葉線存続運動の展開過程を概観すると、存続に向けた市民活動の広がりを捉えることができる。それは、地域の鉄道を地域で支える意思表示、交通政策への住民の参画と評することができよう。

　存続が適わなかった事例として、新潟交通電車線（新潟県新潟市ほか）と鹿島鉄道（茨城県石岡市ほか）、長野電鉄屋代線（長野県長野市ほか）をあげた。

　第8章で挙げた茨城県の鹿島鉄道の場合は、鹿島鉄道沿線中高生徒会連絡会、愛称「かしてつ応援団」の取り組みが注目される。鹿島鉄道の存続運動は、沿線自治体による「鹿島鉄道対策協議会」が中心となり鉄道の存続を主導してきた。しかし、中高生などの交通弱者は、鉄道の廃線によって地域生活の再編を余儀なくされる一方、マイカー所有者は廃線に直面しても、以前と変わらない生活が送れるということで問題の共通性に欠け（存続欲求の共約不可能性）、地域全体の課題として、鉄道の存続問題が関心を集めることが難しかったのである。

　またその他に地方鉄道を存続させる役割を担うアクターが登場してくる事例として、しなの鉄道（長野県長野市ほか）と北条鉄道（兵庫県加西市ほか）についても触れている。

　拙書では、こうした事例検証を踏まえて、地方鉄道の経営におけるガバナンス構造と、存続に向けて市民協働がいかに成されたのか、あるいはそれが結果に結び着かなかったのか。こうした地方鉄道が置かれている今日の現状を事例検証の積み重ねから、その解を求めている。

　それは、これまでの地方鉄道研究の手法とされてきた交通経済学や交通工学、あるいは交通地理学による解ではなく、この地方鉄道の存続という事象を取り巻く社会関係に目を向ける必要性を述べた。そして第1章の中ではこの地方鉄道研究において、社会学からの地方鉄道研究へのアプローチも示している。その上で地方鉄道研究の更なる深化を求めるならば、ガバナンス論あるいは社会的企業論といった新たな知見を加味する必要があることを拙書では述べている。それは、近年起こってきた市民協働の新たなありよう－これまで経営学および社会学において射程に入っていなかったもの－であり、地方鉄道経営での新たな視点として提起できる。

　拙書では、今日の地方鉄道が置かれている現状について、市民協働の方向やガバナンスのありようについても検討し、日本型社会的企業の方向性についても案出したものである。

自著紹介

吉原直樹・仁平義明・松本行真編著
『東日本大震災と被災・避難の生活記録』
(六花出版　2015年)

吉原直樹

　本稿を執筆しているいま、5年目の3・11がもう目の前に来ている。考えてみれば、このところ震災がメディアで取り上げられることはほとんどない。たまに取り上げられると、決まって2020年に向けて「経済的」復興をどうすすめていくかという議論になる。被災者の生活復興はほとんどすすんでいないのだが、無惨にまで無視されている。それにしても、社会全体が被災地から目を逸らそうとしている。言葉を選ばないのなら、忘却の河に流そうとしているのだ。そしてそれと符節を合わせるかのように、出版界ではいわゆる震災モノの売れ行きが極端に落ち込むという事態が拡がっている。

　本書『東日本大震災と被災・避難の生活記録』は、こうした状況の只中で刊行された。当然、刊行前は悲観論一色であった。編者の一人である私自身、まとまりのない本だという思いを拭えなかった。しかし刊行が近づくにつれて注文が増え、刊行時には、早々と「近々、増刷」という声が聞こえてきた。実際に増刷になったのは、刊行後2か月経ってからのことであるが、企画段階では予想もしなかったことである。ちなみに、出版社の話では、海外からの注文も多いという。

　さて企画段階で編者らが考えたことは、被災・避難の生活の実相をできるだけ生身のかたちで多面的にとらえるということであった。だから私についていうと、社会学にもとづくモノグラフを作成する場合に通常もとめられる中範囲理論に依拠するというようなスタンス／スタイルはとらなかった。本書には、ディシプリンを異にするさまざまな論者が加わったが、かれら／かの女らは各ディシプリンに固有の知の体系／枠組みに拘ることなく自由にモノグラフを作成した。そしてそのことが対象に即したモノグラフの質の形成と熟度の高まりにつながり、結果としてバラバラであった論者間の〈相互交信〉をうながすことになった。もちろん、扱う対象は論者によってそれぞれ異なる(そもそも対象の切り取り方が大きく異なる)が、それらを重ね合わせると被災地の全容とはいわないまでも、ある一つのまとまったかたちが浮かび上がってくる。ともあれ、本書では通底する方法的枠組みがないところに最大の特徴があり、またそのことが作品としての個性を形成しているといえる。このことは、視点を変えると、本書を貫くテーマ性を抽出することがきわめて困難であるということを意味している。

　本書に関してさらに言及するなら、それぞれの作品を通して被災・避難に関するさまざまなスケープが明るみにされていることである。被災・避難の諸相を根底からうがつものは、福島に限定すると、原子力ムラの「驕慢な統治構造」(斎藤貴男)であるが、それが被災者・避難者の〈生活の共同〉の枠組みを内破しながら具体的なかたちとなってあらわれているのが、ほかならぬスケープなのだ。その祖型はアパデュライによって与えられているが、一つひとつのスケープには「権力と生活」が複雑に絡み合っており、一方が他方を圧倒するといったような単純な図式におしこめてしまうことはできない。とはいえ、被災・避難に関するさまざまなスケープ

から今日共通して引きだせるのは、新自由主義的な復興景である。それは変転しながら被災・避難のありようと方向を大きく枠づけている。もちろん、個々の作品がすべて、この復興景を自覚的に見据えているわけではない。真正面からだけでなく、裏側から、あるいは斜めからと、さまざまなアプローチがとられている。新自由主義的な復興景の向う側にみるものも大きく異なっている。けれども、考えてみれば、このことが本書を複数者の視点にねざすものにしているのである。

　本書についていま一つ指摘するなら、それぞれの作品はモノグラフでありながら物語としての志向性を有していることである。それは一方で喪失の記憶を喚び起しながら、他方で再生の記憶を埋め直すといったストーリーを基軸にしている。注目されるのは、そうした物語がいまひとつの物語が生み出し、それがさらに別の物語を生み出すということになっている点である。つまり物語の複数性が本書の基調音となっているのである。あらためて問われるのは、複数の物語をつなぐものは何かという点である。本書はこれにたいして明確な答を示していない。ただ、いくつもの物語が複雑に絡み合ってある種の方向性をもったストーリーを構成していることはたしかだ。本書ではそれを三つのストーリー、すなわち「復興とまちづくり」、「コミュニティ・ネットワーク・ボランティア」、「被災後の生活と情報」に分節化して示した。それが成功しているかどうかは、私自身、にわかに判断できない。それでも、何か手ごたえのようなものは感じている。

　本書が刊行されてから、やがて1年になろうとしている。この間、被災・避難の現場では、（被災者・避難者の）人間の尊厳、人間としての存在が根底から否定されるような事態が生じている。人間の復興を向うにおいた「経済的」復興が加速しているのである。本書では、そうした事態のもつ非人間性を、一方では鋭く問い込む言葉で、他方で抑制された控えめな言葉で浮き彫りにしている。しかしどのようなスタイルをとるにしても、基本的には生活記録というスタンスは維持されている。被災・避難の現場では、いかなる言葉よりも生身の人間に届く生活記録が大事にされる。かれら／かの女らにとって、それが意味があるのは研究者によって織り成されたからではなく、それを通して自分たちの立ち位置を確認することができるからである。またそうした点では、本書は基本的に被災者・避難者に「届ける」ものとしてある。つまりかれら／かの女らが本書を手に取り、「棚卸し」することが重要なのだ。

　実はこの「棚卸し」の延長線上において論者たちもまた問い込まれる。その結果、再帰的な自己の問い直しが避けられなくなる。ともあれ、生活記録はそれをめぐる「書き手」と「読み手」に交互に再帰的契機をもたらすという点で、一つの資料的価値を超えて意義を有するものであるといえる。本書が真にそうした意義を有するものであるかどうかは、ここでは問わない。しかし、本書の刊行がそのことを問うきっかけとなっていることはたしかである。

　冒頭の箇所で述べたように、今日、被災者・避難者の生活復興が一向にすすまないばかりか、そういった状態を意図的に忘却の河に流そうとする動きが顕著にたちあらわれている。それは一種の社会的暴力に近いものであるが、こうした状況に抗するためにも、今こそ被災・避難の生活実態を明らかにし、それに立脚したオルタナティヴな戦略を打ち立てる必要がある。本書がそのための一里塚を構成するものであるなら、編者としてこれにすぐる喜びはない。

◆書評

鳥越皓之著
『琉球国の滅亡とハワイ移民』
（吉川弘文館　2013年）

武田尚子

　鳥越は1979年から80年代前半にかけてハワイ在住の沖縄移民一世に聞き取り調査を行い、1988年に『沖縄ハワイ移民一世の記録』（中央公論社）を刊行したが、本書はそのときに収集したライフヒストリー・データについて、30余年の時を経て、改めて考察したものである。つまり、社会調査方法の面から述べると、調査者本人による質的調査データの再分析として位置づけることができる。日本の社会調査方法史上、類書が少ない現状を鑑みると貴重な成果で、まさに研究期間が長い熟年の社会学者だからこそ取り組むことができる研究領域を意欲的に開拓した一書といえよう。

　移民一世の人々が逝去して、現在では同様のライフヒストリー・データの収集は不可能になっている。オリジナルデータそのものが、「時間」の重みと、沖縄移民という日本の「周辺」に位置づけられた人々の特異な体験についての「肉声の証言」という、歴史的に重要な意味をもつアーカイブである。そしてさらに、データ解釈の面で、調査者本人による1988年刊行書の解釈があり、さらに2013年刊行書（本書）の解釈が付加されたことによって、時を経てオリジナルデータの解釈が調査者本人のなかでどのように深まってゆくのかをたどることができるアーカイブになった。つまり、時間の「重層性」をふまえて、「周辺」的存在の「生」の重みを多重的・多面的に思惟することを可能にする、大変示唆的なアーカイブ群が構築されたといえる。

　少壮の時期に行った研究について、精究の場数を踏んで審理眼を鍛えた熟練の研究者が再分析を行うことは、自らの研究を省みる緊張をともなう作業であったと推察する。筆者にあえてそれを試みさせたのは、沖縄に対する深い思いが根底にあり、かつ沖縄が現在・未来にわたって、深い課題を内包しているからである。沖縄から発せられる声は、沖縄を調査対象にしていない地域研究者にも、日本社会についての認識を自省させる迫力がある。

　鳥越が30数年ぶりにライフヒストリーの録音テープを聞き直し、改めて揺さぶられた「声」は次のようなものであった。「唐の世から、大和の世、大和の世から、アメリカ世、アメリカ世から、また大和の世。…シー(see:分かる)？沖縄世（うちなーゆ）にはならんではありませんか。今度は、あなたが沖縄世（うちなーゆ）にすると思うよ、わたし。沖縄世（うちなーゆ）にはならんではありませんか。かわいそうよ、沖縄の人、一遍じゃありませんよ、何遍も〔外国に〕やられているよ。あなたが沖縄世（うちなーゆ）にすると思うよ。」

　かつては意識しなかった語りの部分であるが、場数を踏んで練達した耳は、こんどは沖縄人の魂からほとばしる述懐を聴きのがさなかった。鳥越は「とても重い宿題をあたえられていたことに、はじめて気がついた」と記す。

　話者が語った「沖縄世（うちなーゆ）」を敷衍して、鳥越は自分の見解をまじえつつ次のように述べる。伊波普猷の「多元的自治」の国家構想には、政治的自治とともに「個性をもった文化的自治」

があった。現代日本の政治的文脈に即して、実現可能な「政治的自治」のありかたを問うてみると、いくつかのやりかたが考えられる。しかし、どのやりかたを追求するにしても、その根底に「沖縄世(うちなーゆ)」がなければ意味がない。「沖縄世(うちなーゆ)」とは「根(はじまり)」をもつ文化に裏づけられた「沖縄についての世界観」である。「沖縄世(うちなーゆ)」はひとりひとりの頭の中に存在するものであり、自分の頭の中で発展させるものである。過去の出来事に基づいて、それぞれの頭のなかに「沖縄についての世界観」が描かれる。また、現在および未来の文化のありかたもふくめて「沖縄世(うちなーゆ)」が希求される。現在、そこに住んでいる、いないに関わらず、沖縄に「根(はじまり)」をもつことを自覚している人々による「沖縄の意志」ともいうべき「沖縄についての世界観」が「沖縄世(うちなーゆ)」である。

　2013年刊行書（本書）の興味深い点の一つは、どのような境遇に身を置こうとも、その「声」がほとばしる源にその人なりの「沖縄世(うちなーゆ)」が脈々と息づいていたことを鳥越が再分析の過程であらためて気づいたことである。話者が述べた「沖縄世(うちなーゆ)」は政治的独立のニュアンスが強かったが、鳥越は政治論とは区別した考え方として「沖縄世(うちなーゆ)」を位置づける。長期的視野に基づく沖縄の制度設計が必要とされているが、独立性の高い地域自治が実現したとしても、魂が入ってない仏では意味がない。それぞれの頭のなかで生き続け、堅持される「沖縄世(うちなーゆ)」が存在の根拠となり、その拠点を守りきる覚悟の延長線上に、そのときどきの時代状況と格闘しつつ、沖縄ならではの「自治」の道が開かれてくる。

　「根(に)」をもつ文化という基盤があるからこそ、個性ある声になって「沖縄世(うちなーゆ)」への希求が内奥からほとばしり出てきたのであろうし、その表出を再分析ではとらえたのであろう。

　話者の個性に即して、このような細かい心のひだや、内奥に深く蓄えられている「力」を読みとっていく研究者の洞察力は、どのような状況下で発現するものなのだろうか。

　鳥越の1988年刊行書は、その人自身が語る「自画像」や「自分の物語」を描き出すことに主眼をおいていた。ミクロレベルの「個人」に照準を合わせて、どのような価値観に依拠して、それぞれの人が決断を下してきたのか、7人の話者それぞれの固有の軌跡を書き分けていた。「個人的世界」の複合的な全体像と、固有性を記述することに重点をおいていた。

　移民史というよりは「人間の生き方」を描くことを重視していた前書に対し、2013年刊行書（本書）は、移民となる生き方（ライフコース、トラック）へと導いていった国家的要因、つまり琉球国の滅亡が人々にどのような影響を与えたのか、国家というマクロレベルの変化と、ミクロレベルの個人の決断との関連を描くことに照準をあてている。

　つまり、個々人の生き方という一つ一つの物語の背景絵になっている国家という大きな物語の特徴を鮮明にすることによって、個々の物語の特性をあぶりだし際立たせるという手法である。その手法によって生彩を放つようにうかびあがってきたのが、個々の物語を生成させる原動力に「沖縄世(うちなーゆ)」への希求があるということであった。ほとばしり出た「沖縄世(うちなーゆ)」の語に、生まれた土地を離れて久しい移民の生き方を支えてきた「民俗」の核心を読みとった、そのような調査者の研究の遍歴の物語も重なっている。

書　評

髙久聡司著
『子どものいない校庭：都市戦略にゆらぐ学校空間』
(勁草書房　2013年)

牧野修也

　本書は、著者の博士学位論文「『校庭芝生化』のポリティクス――歴史社会学的アプローチ』を底本としたものである。学位論文では、"学校校庭の歴史"と"公園や原っぱなど都市空間における「芝生」の受容の歴史"の2つの軸から構成されているが、本書では前者を中心に再構成されたものであるという。著者は、"「校庭芝生化」によって変わりつつある校庭ではなく、それによって浮かび上がる、校庭の変わりにくさ"であると問いかける。この問いを通じて、"「子どものため」の空間である校庭が、「子どものため」と語るさまざまな大人の論理を巧みに忍びこませるなかで成立してきた歴史"を明らかにし、校庭とは"「子どものため」の空間でありながら、「子ども不在」のままにさまざまな価値観がせめぎ合う政治空間"であると位置づける。そして、"「子どものため」の空間をめぐる議論に「子どもがいない」"という社会問題を発見する。著者の問題関心は以上のようにまとめることができるだろう。

　こうした問題関心からは、副題に「都市戦略」とあるとは言えども、議論の系は教育論の系にあって、地域社会論の系には当てはまらないのではないかという思いも生じうるかもしれない。しかし、著者はそうした想定されるであろう疑問に対して、教育社会学や子ども社会学の議論にも繋がる一方で、地域社会学の議論でもあるという回答を、見事に提示する。それは、校庭芝生化の問題が、"拡大のレトリック"と"停滞のレトリック"の間で揺れ動くなかにおいて、教育や子どもの問題だけではなく「都市空間の論理」を投入することを通じて、地域社会の問題でもあるとして描き出していく。

　その上で、"「教育空間」としての〈校庭〉の改善は常に問われる可能性"を有してはいるが、"時流の社会問題と接合する"においてのみ、社会的主題として成り立っていくことを指摘する。そして、校庭の"機能性"と"遊び性"を挟んだ"「都市」の論理"と"「学校」の論理"のどちらを重視するのかという点から2つの論理が対決するが、"「都市」の論理"と"「学校」の論理"の双方がかみ合わないままに、校庭の芝生化は拡大と停滞を繰り返してきたと、著者は見る。ただし、1970年代においては、芝生化の問題は、学校の校庭の問題という「学校の問題」であって、自分たちの自由に使える空間という意味での「都市の住民の問題」ではなかったため、芝生は住民の側からは都合の悪い存在とされてきた。しかし、1990年代に入ると、校庭を"都市の「遊び空間」"と位置づけるようになることによって住民から芝生を求めるようになるという状況に変化したと捉える。この変化を、著者は"校庭は学校空間の内部であり、外部－都市空間として位置づけられるようになった"とする。つまり、校庭という空間の社会的意味が拡大したと理解していく。このことが、先に述べたように、地域社会の問題として校庭の芝生化を位置づけることを可能にしていったとする。

　こうしたことを踏まえて、著者は、校庭を"ただ単に学校空間の内部とされる限りは問題

化"されることはないが、"生活環境や都市問題などをめぐる私たちの思惑が、「子どものため」という論理に投影される"ことが可能になったときに問題化される存在であるとする。また、問題化されるだけではなく、議論が継続したものになっていくためには"「子どものため」という論理と「都市（生活環境）」の論理が相互浸透し、自在に論理が接合"する必要があるという。そして、そこでは、「子どものため」という論理は、われわれの自明性を揺るがしていく限りにおいてしか機能しないと指摘する。それゆえに、"校庭は「子どものため」の空間"でありながら、"「子ども不在」"のままに、"教育や生活環境や都市問題などの大人の論理が絡み合う空間"であると、著者は結論づける。

　非常に魅力的な議論である。ややもすると、学校空間や教育空間は、地域社会の中で大きな意味は持ちながらも、地域社会の側から積極的に関心を示されることは多くはないように思われる。しかし、この議論は、学校空間や教育空間が、地域社会の問題になるメカニズムの１つを明らかにしていると言えるだろう。教育社会学に「地域社会と教育」論という領域がある。しかしながら、ここでの議論は、教育学出身の教育社会学者によって牽引されてきたこともあって、地域社会よりも教育の内容についての議論に偏重する嫌いが強い側面があった。だが、本書では、地域社会の側の論理も十二分に検討されている。そのこととともに、住民運動論の視点も組み込むことによって、「地域社会と教育」論への地域社会学の側からの応答のみならず、学的認識の新たなる一歩のきっかけになるのではないだろうか。その意味で、地域社会学のみならず、教育社会学としても重要な文献になるように、評者には思える。

　また、校庭芝生化の議論が「子ども不在」の議論であるという指摘もまた興味深かった。これもまた、地域社会の問題と教育問題が接続しやすいテーマでもある学校統廃合問題や学区選択制の問題でも、「子どものため」という論理を用いながら、大人の論理を絡み合わせているのではないかという視点からの検証の必要性を感じさせた。この点においても示唆的であった。

　ただ、１点だけ難点を言えば、議会議事録や新聞記事を資料にして、豊富に使って分析しているが、資料引用部分の前後の詳細な背景および資料の分析と解釈をもう少し丁寧に書いて頂けると、より読みやすかったようにも思えるが、このことは本書の価値を下げるものではない。それ以上に、本書で記述しきれなかった部分を読んでみたいと強く思った。

書評

荻野昌弘・蘭信三編
『3.11以前の社会学：阪神・淡路大震災から東日本大震災へ』
(生活書院　2014年)

内田龍史

　2011年3月11日の朝、評者は仙台空港にいた。たまたま午前中の便で大阪伊丹空港に向かい、大阪市内の自宅に戻ったために地震・津波の被害は免れたが、つい先ほどまで滞在していた場所に凄まじい津波が襲いかかる状況を、唖然としながらテレビで見続けていたことを鮮明におぼえている。

　同年4月以降、評者は宮城県名取市での地域調査を実施する社会調査実習科目担当として尚絅学院大学に赴任したこともあり、津波によって多数の命が奪われ、甚大な被害を受けた名取市の被災と復興過程に関する地域調査を学生とともに継続している。とはいえ、災害に関する調査を実施するのはほぼはじめての経験であり、日々変化する現状を把握するために手探りで記録を残す程度の調査にとどまっている自身の力不足に忸怩たる思いがする。

　本書の執筆者の多くは1995年の阪神・淡路大震災と向きあってきた経験があり、それをふまえたうえで、本書には、東日本大震災によってもたらされた社会現象を理解するための社会学ならではの論点が各所にちりばめられている。災害研究に不慣れな評者にとって、災害に関する社会学的研究の参照軸を示してくれる、文字どおりありがたい書物となっている。

　東日本大震災は、東日本沿岸部への津波、福島第一原発事故によって甚大な被害をもたらし、世界に衝撃を与えた。その衝撃ゆえに、3.11後の社会変動に関心が寄せられるのは当然であるが、変動を把握するためには、それ以前の社会とはどのようなものであったのかが参照されなければならない。本書は、「3.11以前と以降では何かが変わったのだろうか」という編者の荻野昌弘の問題意識にもとづき、「〈3.11以前〉の社会学的研究の中に〈3.11以降〉を読みとく知を見いだそうとする試み」(p277)として2012年5月に関西社会学会大会で開催されたシンポジウムでの報告をもとにしている。

　そこでテーマとなったのは、震災によって突如もたらされる不条理な死、その霊を鎮魂するための過剰とも言える仮設住宅コミュニティの意義（金菱清）、東日本大震災を「広域システム災害」と捉え、人間のためのシステムがシステムのための人間となっている現状への警鐘（山下祐介）、被災遺物の保存によってもたらされる時間の分節化と記憶（今井信雄）、原発災害が突きつけるディアボリックな視点からのリスク社会の再考（三上剛史）である。さらに本書では、阪神・淡路大震災以降に一般化した「災害ボランティア」（菅磨志保）、「多文化共生」（吉富志津代、金明秀）に関する論考、コラムとして「災害弱者」（三井さよ）、「女性の人権」（正井禮子）を加えて刊行されたものである。

　本書のもうひとりの編者である蘭信三は、本書のポイントとして①「不条理な死」で亡くなった「大量の死」者を社会的にどのように慰霊するか、②不条理な死や被災地での復旧・復興過程と切り離せない日本的高度システム社会や、その根底にある日本的あるいはグローバルなリスク社会化に関する考察、③日本社会におけるグローバル化の状況を浮き彫りにす

る多文化共生をめぐる「認識の対立」の三つをあげている。

　通常、生活基盤たる住居を失うほどの大災害が生じた場合、被災者は避難所での生活を経験し、仮設住宅での暮らしを経て、新たな住まいを得て生活復興へと向かう過程をたどる。そのために、国や自治体は防災集団移転促進事業や土地区画整理事業による現地再建などの復興事業を使って、ハード面でのまちづくりや生活復興が早急になされることを目指す。しかし、災害後の過程で向きあわなければならない問題は、それだけに集約されるわけではない。

　例えば、先に示したポイント①、大災害によって突然もたらされる不条理な死や、金菱の言う「ifの未死」をどのように慰霊するのかといった課題は、荻野が述べる「死の物象化」が進んでいる現在であるからこそ、問われなければならない極めて社会学的なテーマであろう。そしてそれは、多くの方々が亡くなった地域をどう再建していくのかといった、その後のハード面での復興まちづくりの過程や、そこに至る住民の合意形成においても無視できない影響をもたらしうるものでもある。

　また、ポイント②については、「災害は社会の仕組みを可視化する」といったよく知られる災害社会学における格言にも見られるように、現代日本社会の構造的問題を照射する俯瞰的な見取り図を示すものとなっている。だが、ややないものねだりとなってしまうが、「3.11以前の社会学」という問題設定であることもあってか、本書全体としては3.11以前と以降の東北の地域社会分析の視点はやや弱いように思われる。その点については評者も含め、東北の地域社会をフィールドとする研究者が追究すべき課題である。

　その意味でポイント③は、東北の地域社会と、日本社会における東北の位置づけを問い直すための恰好の題材となっている。外国人が集住コミュニティを形成せずに結婚移民もしくは技能実習生が散在している「東北の多文化関係の現実」において、アジアからの農村花嫁などは日本人家族のメンバーとして十分に包摂されているという認識と、外部からの支援者から見れば外国人が抑圧されているという認識の対立が生じていることが指摘される。

　こうした認識の対立について、金明秀は、「序列化」「差異化」といった差別の二通りのロジックと、それらに対抗するために「衡平原理」「平等原理」に反するとする問題化の二つの様式を示す。そして、それら二つの問題化様式は、差別からの解放という目的を共有しながらも衝突する様を描いてみせる。加えてその問題設定は、東北において外国人が置かれている付置状況を問うだけではなく、日本の中の東北の付置状況とパラレルであることを鮮やかに指摘するのである。

　最後に、安倍政権による原発の再開プロセスなど鑑みて、「そして何も変わらなかったのか」(p286) という蘭の問いは、震災後5年が経過しようとする現在において、我々に、改めて突きつけられる問いである。政府による集中復興期間は2015年度で終了を迎え、ハード面でのまちづくり復興が進むなか、現状分析の学として、社会学者が追いかけるべき課題は多い。山下が述べるように、災害後でもあり、災害前でもある現在において、さまざまな社会的課題を想起させる本書の意義は大きいと言えよう。

書　評

谷富夫・安藤由美・野入直美編著
『持続と変容の沖縄社会：沖縄的なるものの現在』
(ミネルヴァ書房　2014年)

藤谷忠昭

　「沖縄なるもの」の「個別」を深く掘り下げながら「普遍的鉱脈」を探ろうと試みた3部構成の「論文集」である。立体的な沖縄理解を目指す本書の内容を、まずは順に概観したい。

　第1部「沖縄社会の基本構造」では、「沖縄的生活様式」の妥当性を主に統計に基づき明らかにしようとする。個々の論文は独立しながらも、1章で提示された命題を問いつつ、肉付けしていくという構成にも読むことができる。まず1章（谷富夫）では、那覇都市圏を対象とした数量調査において、自立主義、家族主義、相互主義を検証し、「過剰」な都市においてゲマインシャフト的行動パターンが機能していると結論する。続く2章（野入直美）では、特に沖縄ブーム期移動世代が、他の様式より自立主義を主要なエートスとすることを見出す。併せて野宿経験者を事例に文化資本・経済資本を欠いた者が「沖縄的生活様式」も欠落させることを指摘している。3章（安藤由美）では、3つのコーホートを設定しUターン経験、成人期への移行の時代的変化を分析し、階層分化の指摘と併せて、中間層、とりわけ女性のUターン経験の減少が示される。また4章（二階堂裕子）では約4割が参加している模合に実質的、心理的な意味を見出し、その参加がウチナーンチュ・アイデンティティと連動していることを明らかにする。5章（上原健太郎）では、Uターン率、若年層の失業率の高さなどを踏まえ、相対的に時間をかけた大卒者の労働市場への参入が「地域」と「職業」へのこだわりに起因していると分析している。

　第2部「葛藤と生成の沖縄社会」では、フィールドワークに基づき人々の生活の実相をインテンシブに浮き彫りにする。そのことで、「沖縄なるもの」の外部、周縁が具体的に生々しく摘出されている。まず6章（打越正行）では、暴力、裏切りなどに満ちたヤンキーたちの生活を通し、「沖縄的なるもの」の過酷な外部が提示される。7章（八尾祥平）では、台湾系の華僑・華人が沖縄の細分化された労働需要に吸収されてきた構造を歴史的に明らかにする。続く8章（須藤直子）では、「よそ者」意識が伴うIターン者の葛藤と苦悩を中心に、併せて沖縄地域の多様性、本土間との緊張関係、さらに移住者に頼る過疎地域の実情を描き出している。9章（中村文哉）では、1900年代前半のハンセン病患者の現象から、シマ社会の論理、社会―経済的背景を描き、その上で「隔離」の問題と並行し施設の必要性があったことを示す。

　第3部「基地・都市・離島」では、那覇都市圏に限らない沖縄独自の課題について検討する。その分析を通し基地のある地域、基地のない離島地域など、「沖縄」の特殊な相貌が描き出されている。まず10章（熊本博之）では、キャンプ・シュワブへの普天間基地移設問題の経緯を辿りながら、辺野古地区の葛藤を描く。「条件付き受け入れ容認」決議に、望まざる負担を押し付ける政府に対する、ある種の抵抗を見出す。11章（山﨑孝史）では、「コザ暴動を記録する会」の語りを分析し、暴動の当時と現在を明らかにする。その上で、構造に抗

いうる主体の再生産という同会の試みの意義を提示している。また12章（波平勇夫）では、米軍占領期間のコザ市（現沖縄市）の都市化の過程、コザ騒動、新階層としての基地労働者、軍用地主などについて整理し、那覇都市圏とは異なった沖縄都市の様相を示す。13章（越智正樹）では、戦後、宮古民政府計画により西表島へ開拓移住した住吉集落を事例に、現住2世と在宮古島親族との交流関係を分析し、開拓移住史が、他出者と移入者を含めた地域的親密関係のシンボルとして機能していることを明らかにしている。

　このように本書の内容は多岐に渡るが、論点がそれぞれ的確に整理され、提示される課題も刺激に富む。個別に踏み込む余裕はないが、気付いた点について以下で、簡単に論評を試みたい。

　まず、順番通り読んだわけではないが、「沖縄的生活様式」が「過剰都市」に限定された命題であることを知りつつも、副題にひかれ、示された「沖縄なるもの」が、その都度、一部解体されつつ新たに再構築されていく経験をした。評者の限られた経験からは挙げられた3点は、那覇都市圏を超える印象がある。その点から言えば、課題のひとつとされるアジア都市との比較も興味深いが、むしろ「過剰都市」を抱える、農山村、離島を含めた「沖縄なるもの」に思考は駆られる。3つの要素が、那覇都市圏以外でも有意なのか。もし、そうだとしたら、Uターンの様相はどのように関係しているのか、時代的変化はどうか、など興味は尽きない。

　また、沖縄全般の、あるいは沖縄以外の地域についての言及などがあれば、より効果的でないかと思われる章があった。恐らく紙幅が限られていたのだろうが、6章、8章、13章では他の事例による傍証や比較などで、示された現象が普遍的なものか、個別的なものなのかについて、より説得力がある論考になったのではないか。また7章では、分断されることによる、苦難のより具体的な提示が効果的であっただろう。他の仕事を熟知しない不勉強に起因する感想かもしれないが、本書を完結したものととらえれば、あながち的外れではないように思われる。

　読者により惹きつけられる章は異なろうが、基地と地域社会に関心のある評者自身は、とりわけ10〜12章に教えられるところが多かった。自身のわずかな調査からも、たとえば、ここで示された2地域での課題の達成が、なかなか容易でないことは明らかである。内外の多様な見解、アクターが交錯する辺野古で、どのような合意が民主的に可能なのか、また、郊外化による市街地の空洞化があからさまな沖縄市で、基地に頼らぬまちづくりや人材育成が具体的にいかに達成しうるのか。困難だが、避けられないこれらの問いは、他地域での参照点も形成するだろう。さらなる展開を著者たちに期待したい。しかし同時に、それは評者を含む、沖縄の地域社会研究にかかわる者にとっての課題のひとつでもあろう。

　以上、ないものねだりを述べてきた。編著者がいうとおり「沖縄なるもの」の「普遍」は本質主義的なものではない。だが、その「普遍」の設定が「個別」の深化の原動力になっている。「沖縄」を課題と考える者、また個別のテーマに関心を寄せる者にも豊かな示唆を約束する一書である。

書　評

丹辺宣彦・岡村徹也・山口博史編著
『豊田とトヨタ：産業グローバル化先進地域の現在』
（東信堂　2014年）

酒井恵真

　本書は、書名の語順が示すように「トヨタ」研究ではなく、「トヨタ」が立地する都市「豊田」を対象とする現代都市の総合的研究である。その課題は「80年代後半以降に焦点をあてながら、産業グローバル化の先進都市である豊田市の地域社会構造を描き出し、地域住民の生活と市民活動のあり方とその規定要因を明らかにすること」（5P）にある。

　「トヨタ」・「豊田」に関しては、すでに先行研究が分厚く存在する。しかし、本書では先行研究の大部分は「開発・成長期」までのもので、それ以降の長期的変化までを視野に入れた「住民の生活と社会活動」に関する研究はほとんど無いと同時に、先行研究の古い理論枠組みでは、「成熟期」の「産業グローバル化先進都市・豊田」の現在は捉えられないと、新たな視点と方法による調査研究の必要性を強調する。

　上記主題について、序章・終章・補章と4部14章の計17章で構成をとり、多様な問題について検討し、そこで得られた知見の大要は、次の4点に要約されている。

　第一は、企業の経営基盤確立と拡大に伴う国内外への展開は、「トヨタ」と「豊田」との「社会的交換関係」を大きく変えたことである。開発期では「権力的」関係も発生したが、その後企業が取り組んだ様々な「社会・地域貢献活動」は、企業イメージを高めつつ、地域住民たる従業員の企業内福利的意味合いや、モラールの向上等、企業へのコミットメントを調達する機能も果たしてきた。「豊田」では、こうした新しい「社会的交換関係」の好循環と相互作用が生まれている。また、従業員が職場内で培ったエートスや経験が、職場内で継承・活用されるだけでなく、職場以外の人間関係や地域活動にも間接的に影響していることもわかった。

　第二は、「トヨタ」と関連企業の正規就業者を中心に、地域内に相対的高所得の「中流的階層」が分厚く存在し、その定住化が世代的に再生産される「中流社会」が形成されていることである。その家族の多くは性的役割分業による「近代的核家族」である。安定した中流的階層の定着は、職住接近のもとで地域内交流や社会的ネットワークの蓄積を進め、人々の意識や行動、社会関係を変えた。自動車産業就業者や退職者達は、定着とともに「地縁型活動」を基盤にまちづくり活動に積極的に参加している。しかも、その活動は企業の地域貢献活動とは独立して、自律的に取り組まれている。

　第三は、1980年代以降、豊かな法人税収入で市内の基盤整備が進み、2005年からはまちづくりの制度とメニューが出そろい地域活動が活性化した。特に居住地に密着する「地縁型」活動では行政の支援と手厚い補助を得て活発である。その主な担い手は男性で、自動車産業就業者や退職者などの参加も少なくない。しかし、「広域（テーマ）型」活動は女性が主導するが、市の支援活用は施設貸与やネットワーク作りが中心で、資金的利用は少ない。地域活動は性的役割分業とゆるく相関し分化している。両者の活動の共同・連携が課題である。これは男性の社会的紐帯が強いコミュニティ、家庭や職場の性的役割分業、郊外地区特有の

ニーズ、多様な下位文化の未発達等、「豊田」固有の特徴が反映していると考えられる。

第四は、グローバル化に伴う地域社会の変動の影響を「外国人住人の集住と多文化共生」の視点から、その支援活動を地域活動全体と関係づけて考察したが、現段階では地域外からの参加が多く、地域内の参加は相対的に少ない。また、他の地域諸活動との関係も薄く、相対的に独立性が高かった。これは多文化共生に関わる活動は「非通念的（誰もがコミットするわけではない）」なものだからと考えられる。しかし、近年は支援団体と自治会、当事者団体との協働も見られ、市が有する潤沢な資源・人材と、行政、企業、市民活動アクターとの社会的交換の積増しと定着は、「ローカルな制度化」を生み出す可能性がある。

こうした諸知見を踏まえつつ、産業グローバル化先進都市「豊田」は、従来の都市研究（シカゴ派や新都市社会学、マルクス派構造分析）が対象とした、いずれのタイプの都市にも属さない新たな都市類型に位置づけられ、今後の都市研究において「ユニークで重要な『理念型』事例」となる。その際の理論枠組みは、ヴェーバー的な集団（閉鎖）論・階層論、あるいは社会関係資本論、信頼論の方がより適合性妥当性が高い。

従来の「トヨタ」・「豊田」研究が描く「実像」とはかなり異なる新事実の提示と説明に満ちており、都市・地域社会研究者の関心を掻き立てる内容となっている。早速、『東海社会学会年報』第7号（2015年6月）は、本書を素材に「特集　企業都市研究の新地平を切り開く視座と実証」を組み、編著者の一人・丹辺宣彦の解題論文「産業グローバル化先進都市の変容と社会学」、「トヨタ・豊田」研究の牽引者の一人・藤田栄史の書評論文「トヨタと地域社会の現在」、外国人労働者問題を専門とする丹野清人の「外国人労働者からみる日本的経営—外国人労働者は企業と地域の見方をどう変化させたのか」の三論文を掲載し、併せて50頁を割いている。本書とともに「豊田」研究の必読文献でもある。

さて、紙幅の大半を本書の紹介に費やしてしまったが、若干の感想を付して締めくくりたい。

特定の都市の総合的研究では、多様な領域を踏まえつつその全体像を捉えるのが課題であるが、同じ対象を扱いながら、いかなる視点・問題・領域に力点を置くかで、その結果の評価や結論に大きな差が出ると改めて感じた。本書は、成熟期の「豊田」では、安定的中流的階層の定住・定着が社会的交換関係、活動、組織の発達を促し、社会的紐帯（社会関係資本）の蓄積により社会的統合化が図られつつあると、新たな「豊田」像を引き出した点で大いに注目し、評価される。しかし、その反面、社会的緊張・矛盾・対立を伴う潜在的・顕在的諸問題については後景に大きく退くことになった。先行研究には、「トヨタ」生産システムと労働・就労過程を通じた社会的「緊張・矛盾・対立」を伴う諸問題に迫った取り組みも少なくない。現在も解消されたわけではなく、形を変えて再現されている。その典型例が外国人の集住問題であるが、それに限らず、期間工、派遣労働者、請負労働者、パートなどの「流動的周辺階層」の存在と不安定性の拡大の問題である。本書でも今後の変動要因に自動車生産の縮小・高齢化・東南海地震の三つを挙げ、いずれも「地域内格差を広げて周辺的な流動層の生活状況を悪化させ、地域統合をおびやかす」（375p）可能性があると、成熟期の「豊田」の危機に触れている。しかし、それは不確実な可能性の問題ではなく、「産業グローバル化先進都市・豊田」の実像に迫る今日的問題ではないか。ここに光を当てた、「豊田とトヨタ」研究の出現を期待したい。

書評

園部雅久著
『再魔術化する都市の社会学：空間概念・公共性・消費主義』
(ミネルヴァ書房　2014年)

麦倉　哲

1980年代以降の都市空間の再編論

　本書は、タイトルの一部をなす「再魔術化」という概念が印象的な本だ。しかし、本書の内容はもう少し複雑である。副題にある通り、空間概念、公共性、消費主義などの諸概念をキーワードとして、ポストモダンの視点から都市の再編を認識しようとする研究書である。1980年代以降の都市空間論における社会学的系譜を整理するものである。著者の研究関心は、都市社会学と都市計画の架橋であり、都市計画における都市社会学の存在意義を高めることにある。そこで焦点となるのは「都市空間」をどのように認識するか、である。大都市空間は、グローバル社会の影響を受けて1980年代以降、新たな再編期を迎えていた。その過程は多くの社会問題をはらんでいるのだが、都市空間の再編のプロセスの中に消費生活的な装いや魅惑的な要素も加わっているので、社会の深層で進行する社会問題性と向き合う公共圏が成立しがたい状況がつくられつつある。

　そこで本書は、1980年代から現在に至るまでの深刻な課題を「都市空間論」「都市の再魔術化論」から、解明しようとしている。著者が10年周期でまとめる、都市社会学の体系化である。空間概念の社会学的な研究にとくに重点を置いてきた著者は、モダニズムでなく脱モダニズムの視点に力点を置いて、呪術からの解放でなく再魔術化概念を取り入れつつ都市の空間概念を再考し、消費空間へと再編される都市社会の動向を批判的に検討している。本書の第1部は理論的系譜と著者による整理であり、第2部は都市の再編の事例検討である。かくして本書は、理論と実践を兼ね備えた都市社会学を専門とする学徒にとって、導きの良書である。

理論と実践の二部構成

　第一部では、ハーヴェイの「資本と都市空間の形成」、ソジャの「社会−空間弁証法」、ズーキンなどの「ポストモダン都市論」、バウマンの「公共空間論」、町村敬志の「世界都市論」、サッセンの「グローバル・シティ」、ルフェーブルの「空間の生産」、吉見俊哉の「空間概念構築の限界」や「テーマパーク」に関する研究成果が整理されている。ハニガンの「ファンタジースケープ」では、①ジェントリフィケーション、②テーマ性、③ブランド性、④24時間性、⑤モジュール性、⑥孤立性、⑦ポストモダン性などの多様な面から都市が特徴づけられることが解説される。外国のポストモダンと都市論と日本の著名な都市社会学理論を架橋している点も、本書の真骨頂である。

　再魔術化の概念について著者は、リッツアの再魔術化論を踏襲している。ウェーバーのいう合理化は脱魔術化（かつては「呪術からの解放」とも呼んだ）であり、計算可能性、予測可能性、非人間的技術体系を高めていく近代化を意味している。リッツアは、ウェーバーの合理化論に依拠しつつも、脱魔術化は再魔術化を内包したり伴っていたりするという。そう

いう観点で現代の都市社会を鳥瞰してみると、現代社会への見方も多様化する。すべて社会はモダニズムで説明しきれるものでなく、脱モダニズムを含むし、それ自身の内に魔術化の要素も併せ持っている。合理的なシステムの効率性、予測可能性、技術システムの可能性で説明できるわけではなく、合理的に生み出される魔術（ファンタジー、夢、魔法）が都市の再編を特徴づける有力な一面をなしている。

　第二部では、3つの事例研究をしている。第一に取り上げるのは、東京都渋谷区の都市公園の変質であり、大都市中心部の都市公園の民営化の問題点である。第二の事例は、ゲイテッド・コミュニティの問題、そして第三は、ホームレス支援施設開設反対運動を取り上げる。これらの3つの事例を、都市の再魔術化という視点でみると、どのようにわかりやすくなるのだろうか。ホームレスの人びとが滞在する公園がナイキのスポーツ公園のように変わったら、確かにファンタジーと思う人がいるかもしれない。いや、そう思う人が少なくないだろう。だから、今の都市は「再魔術化」しているとみられる。第二は、東京都世田谷区におけるゲイテッド・コミュニティ型マンションの建設ブームを取り上げる。物騒な世の中となり、安全神話が崩壊しかねない都市空間の中で、自宅だけは、厳格に安全管理された空間であるという住宅建設のニーズはますます高まる趨勢にあるといえる。

ホームレス施設開設反対運動について

　第三は、神奈川県川崎市のホームレス自立支援施設開設に関する事例である。ホームレス施設の開設が地域振興を阻害したりイメージを損なったり、はては具体的な被害が発生するから反対という運動も、「再魔術化」と概念を用いるとわかりやすいのだろうか。たしかにこうした空間再編は、単純な合理化とはいいがたいが、一定の相当の支持を受けているので「再魔術化」と言えるのかもしれない。再魔術化が、「呪術による支配が広く浸透していた時代にくらべると部分的な影響力とみるべきなのか、かつての呪術の支配といえるほどのものとみるべきなのか、概念の有効性について、さらに議論が必要のように思える。3つの事例からみる都市の実態は、社会の分裂を加速しているようである。こうした事態を今後再編している公共圏の成立に期待が寄せられるが、どのように組み立てたらよいか、さらなる展開が期待される。それは「再魔術化からの解放」なのかどうか。

　評者は、2002年10月に発足した「川崎市野宿生活者自立支援対策市民協議会」に専門委員として加わった経験があり、その当時川崎市では、ホームレス自立支援センター設置の気運が高まっていた。この種の協議会を住民・市民参加型の仕組みで設置し、ホームレス支援団体関係者とホームレス受け入れ反対の立場の人たちが同じテーブルにつくのは画期的で、マスコミの注目を浴び、有効な展望が見えてくると期待された。しかし、ワンナイトシェルターすらも開設されず、協議から二度目の冬を迎えた2004年1月には、川崎市で3人のホームレスが亡くなり、そのことが官報で報じられる事態となった。生命を損なう事態と施設開設が迷惑だという主張とでは、人間の安全保障の観点からすれば、次元が異なるのは明白である。こうした施設開設への抵抗や嫌悪が本書で論じられる都市空間の再編と深く関わっていることが、本書を読み解くとわかってくるといえる。しかしその当時の私は、行政のリーダーシップが欠けているせいではないのかと思っていた。

書　評

木村至聖著
『産業遺産の記憶と表象：「軍艦島」をめぐるポリティクス』
（京都大学学術出版会　2014年）

森　久　聡

　さほど大きいわけではない離島の陸地の端いっぱいまでRC造の集合住宅が密集して建てられてはいるが，そこには生活者の気配がいっさい感じられないまでに朽ち果てた姿が残る，通称「軍艦島」。一度見たら忘れられない軍艦島の外観は，この島でどのような生活の営みがあったのか，なぜこの島が捨てられ，このような廃虚が生み出されたのか，私たちの想像力を刺激してやまない。木村氏の著書はこの軍艦島を事例に歴史的な建造物の保存をめぐる政治的なポリティクスを博物館的な展示やガイド・ツアーなどの文化表象の実践から読み解こうとするものである。

　この著書が刊行された後の2015年7月，この軍艦島を含めた計23施設が「明治日本の産業革命遺産」として世界遺産に登録された。そして九州の炭鉱など朝鮮人の強制労働の説明の有無をめぐって日韓両政府が意見を異にする局面もあり，軍艦島はマスコミでも報道された。その意味で本書は話題の事例を取り上げたタイムリーな著書として注目した人も多くいることだろう

　とはいえ，奇怪な魅力に満ちあふれた軍艦島の謎を解き明かすことを期待してこの本を読み始めると肩透かしを食らってしまうかもしれない。なぜなら，軍艦島の事例分析に進む前に，周到な分析視点の理論的な整理と世界の旧産炭地での炭鉱遺産の保存と活用の事例分析，そして日本における石炭産業および石炭政策の歴史が展開されていて，なかなか軍艦島に辿り着かないからである。しかしながら，それらは産炭地が石炭産業の盛衰と閉山後の地域開発政策には政府の石炭政策による介入が存在していたという特殊性を考慮すれば必要不可欠な議論である。むしろ，地域社会学で論じられているリスケーリング論などを文化社会学的な分析に援用することで，文化表象の実践に込められたイデオロギー性の暴露というありがちな結論に収まらず，地に足のついた文化社会学的な分析を可能にしているように思われる。軍艦島が発する特異な景観的なインパクトに比して，本書で論じられる内容は，国土開発や地域開発政策が具体的な地域社会に何をもたらしてきたのかというオーソドックスな議論と通底しているため，良い意味で肩透かしを食らってしまうのである。

　そのことを踏まえたうえで評者の理解を述べると，「記憶」の分析が「表象」のそれと比べて弱い印象を持った。「記憶」が本のタイトルにまで付されたキーワードであるにもかかわらず，記憶論の理論的検討が「補論」となっていることにそれが端的に現れている。

　かつての軍艦島の住民は離散し，軍艦島に住み続けている者はいない。またガイド・ツアーや世界遺産化運動は，隣の島の住民としての「記憶」や幼い頃に軍艦島に住んだことがあるという微かな「記憶」を頼りに展開されている。こうした軍艦島という事例の固有性が個人の軍艦島の記憶や地域社会の集合的記憶への分析の少なさを生み，軍艦島をめぐる「記憶」の分析が充分に展開できなかった要因であったように思われる。これは木村氏の力量によるものではなく，むしろ評者は「環境」が人々の「記憶」へと働き掛ける力を持つことを反証

書　評

しているように捉えられるとも感じた。すなわち，「環境」に囲まれて生活することがその建造物と生活の営みの記憶を保つことを可能にしており，「環境」から離れた瞬間にその記憶は持続力を失っていくのである。これは環境社会学において，歴史的環境とそこで生活する地元住民との相互作用を歴史環境保全の社会学が焦点化してきたものと重なる。しかし環境社会学では地元住民の生活と環境が不可分であることを前提に，歴史的環境で暮らす地元住民を対象としているのに対し，軍艦島はそうではない。そこに違いがある。著書では国家や自治体，「地元」住民が文化表象の実践として生み出そうとする「環境」に焦点が当てられているが，それでは既に住民のいなくなった「廃虚」という「環境」が，文化表象の実践者たちの意図を超えて軍艦島を訪れる人々にいかなる「記憶」をもたらすのだろうか。

　そして「表象」と同じく「記憶」も個人-地域社会-国家-国際社会といった異なるスケールの間で相互作用していくものと思われる。実際に「明治日本の産業革命遺産」では，強制労働だけではなく，囚人労働や事故や災害で苦しんだ労働者や家族の負の記憶はもちろん，炭鉱社会で営まれた生活の懐かしい記憶は，近代国家の形成に貢献した物語からは排除されようとしている。特に近年では日本中で世界遺産化を目指す動きが活発になり，もはやブームとなっているが，世界遺産の制度は，ユネスコ-日本政府-地方自治体-地域住民のそれぞれの水準で異なった意味付けがなされている。しかも世界遺産に認定された途端に観光客が押し寄せるように，そのズレに観光（客）のまなざしが拍車をかけている状況である。この現実にくさびを打ち込むような社会学的な分析視点が必要であるが，木村氏の著書で展開された文化表象のリスケーリングのポリティクスの視点と産炭地を対象とした事例分析は参考になるだろう。だが，同時にその点から見ると，歴史保存の政治過程において大きな争点となる「負の記憶」をどれだけ引き受けることができるかが，今後の課題になるのではないだろうか。もちろん炭鉱における負の記憶は，一筋縄では論じられない複雑な問題であることは，評者よりも深く理解していることであろう。しかし負の記憶の保存と継承は，より先鋭に記憶のスケール間のポリティクスが立ち現れてくるため，避けることができない論点であるように思われるのだ。

　また別の視点として社会運動論的な視点に触れておきたい。軍艦島の保存と活用に関わる住民は，展示やガイドの内容や表現手法といった文化表象を実践するだけではない。文化表象の実践にとどまらず，陳情や署名活動，政治家や自治体職員との交渉などの政治運動としても展開しているはずである。したがって「軍艦島のポリティクス」にはこのような政策過程論／社会運動論的な分析を展開することも可能だと思われる。

　実はこれらの論点は，評者が調査研究を重ねている福山市鞆の浦の歴史的な港湾遺産の保存運動の研究の裏返しにもなっている。評者は環境（空間）と社会（政治）の相互関係に着目し，政治過程を社会運動論的に考察してきたが，歴史的な港湾遺産がどのように表象されているのか，その実践を十分には捉えてこなかったように思う。その意味で評者にとってこの著書から刺激を受けることは多く，刺激を受けるたびに読書をストップして考え込んでしまい，なかなか読み進められなかったことを申し添えておこう。

　なお最後になるが，この書評を執筆するのにあたっては，これまで木村氏と共に参加している「産炭地研究会」での議論の内容やローカルな研究会における書評セッションを参考にしていることを付記しておく。

書　評

尾中文哉著
『「進学」の比較社会学：三つのタイ農村における「地域文化」とのかかわりで』
(ハーベスト社　2015年)

松薗（橋本）祐子

　本書は、比較社会学およびタイ研究の方法を用いて「進学」の「文化的不平等論」について批判的に検討することを目的としている。タイ農村研究や農村開発研究、進学研究についても多くの示唆に富む知見や論点を含んだ著作であるが、ここでは、著者が本研究に取り入れた地域の視点を中心に内容を紹介しコメントしたい。

　序論で問題提起と研究枠組みが示される。進学については多くの先行研究があるが、「地域」は変数として「進学」に関して十分に取り上げられてこなかった。1950年～70年代までは人的資本論や社会経済的要因説による研究、1980年代以降は、さまざまなタイプの文化的要因説が唱えられ、ブルデューなどの「文化的不平等論」が現在の主流となっている。しかし、この流れには、国民国家という前提、学校という前提、文化の扱い方における「われわれ／よそもの図式」の問題、政策論的統計的方法の優越の難点があると指摘する。

　「地域」の視点から分析することで、このような文化的不平等論の問題点を軽減できると著者は述べる。第一に、地域社会学の諸研究にある中央に対する批判やローカルトラック概念が、国民国家という前提を回避する可能性があると位置づける。第二に、地域と言う視点が、学校という境界線を越えさせる効果、地域社会に教育プロセスを見出すことを期待する。第三に、コミュニティ論を源流とするパーソナルネットワーク論は、「われわれ」と「よそもの」の境界を越える視点である。さらに、地域社会学の研究におけるある特定の地域に注目したインテンシブなフィールドワークの持つ探究性を評価し、自らもその手法を用いる。

　この視点に立ち、筆者は「進学は当事者にとってプラスの価値をもつ」「地域文化は進学にマイナスである」という2つの焦点仮説を提示する。ここで「地域文化」は「政治、経済、社会等の諸過程、諸契機に基づき相対的に自立した一定の空間的領域内に形成、維持、変容される意味の諸パターン」と定義され、タイ農村の村を単位とする「地域」に注目する。

　本書の特色は地域に関するインテンシブなフィールドワークを行い、分厚い比較をめざしていることにあるだろう。タイの北部、東北部、南部の3つの村に1995年～1997年の間にそれぞれ6ヶ月間滞在し、生活を共にしながら参与観察、ライフヒストリー等の聞き取り調査の他、量的調査も実施した。その詳細な記述が2章から4章を構成する。取り上げられた地域文化は、北部H村では伝統音楽、伝統医療、「もう一つの発展」系の諸活動、東北部N村では、伝統芸能モーラム、出家、サラパンおよび「もう一つの発展」系の諸活動、南部のA村では、伝統派イスラム（ポノ）、近代派イスラム（スコラ）などである。それぞれの村の地域文化は、非常に生き生きと記述されており、長期に滞在しながらフィールドワークを行ったからこそわかる、時間の流れを感じる事ができる。

　これらの事例の分析を経て、「地域文化志向／地域外文化志向」「都会志向／地元志向」「進学／非進学」の3つの軸を区別すべきであると整理した。その結果、南部のイスラムのA

書　評

村におけるタイの中学高校への進学や北部のH村における大学進学は当事者にとってマイナスとなった。また、東北部の村では伝統芸能への関心と進学が結びつくなど、地域文化が進学にプラスの価値を持つ場合を指摘し、文化的不平等論が常に成り立たないことを示す。その上で、地域文化と進学の関係を捉える代替パースペクティブとして、地域文化を支える基盤を人的ネットワークとしてとらえる「地域文化ネットワーク」説を掲げる。

　市場経済化、グローバル化が進むタイ農村における地域文化を、人的ネットワークとして描き出した点を評価したい。筆者は「ネットワーク」という観点は従来の進学研究に含まれる「共同体」図式と「個人主義」図式双方から距離をとるための手段になる、述べている。進学との関連をみることで、個人および地域社会と外部社会との関係を示したと言える。地域文化の説明図式として示されたグラフ理論の図はわかりやすいとは言えないが、地域文化としてとらえられたものは、もう一つの発展系の運動でもイスラムでも、価値としてはグローバルである一方で、それが地域文化として息づくためには、それぞれの地域社会の場で活動が行われ、地域社会を基盤としたネットワークに支えられている。しかもこのネットワークは村内に閉じているものではないことの指摘は興味深い。地域文化ネットワーク説は、グローバル化の影響をうけつつある村落地域社会のダイナミクスを捉えることに成功している。個々に取り上げられている村落における「進学」は、地域社会での生活からの切り離しを意味するが、ここで取り上げられている地域文化はその地における活動に根付いていることが示されている。ただ、中心的に扱われるキーパーソンの世代は相対的に兄弟が多く、親族ネットワークが村内と村外にまたがって形成されることには注意が必要だろう。

　進学と地域文化を論じる中で、学校という前提も問い直される。北部H村や南部A村では、学校というものを中心に共同体は作られていない。また、北部H村や東北部N村では、地域文化が村を共同体として維持するようにのみ作用しているわけではない。国民国家戦略を象徴する学校と地域文化が対立した軸にならならない場合が生じているタイ農村を扱ったからこそ、文化的不平等論の前提の一つを問い直す事例になったのではないだろうか。

　しかし、進学をめぐる村落の経済社会基盤の記述が少ないことが不満として残る。近年、市場経済化、グローバル化の中でタイ農村の経済構造、就業構造は大きく変化している。著者がフィールドワークを行っていた時期は、タイの経済が大きく変動した時期である。社会経済的要因によらない進学動機を解明することは最初に提示されているが、その要因をどのように統制しているのか。進学をしても地域社会に留まり続けることができる複線的な進学、就業先等の外部要因を個人要因と合わせて検討する必要はないだろうか。村から通える進学先や就業先、地域文化のネットワークとつながり続ける進学によって、進学と地域社会の維持が同時に可能になるのではないだろうか。それは、個人ではなく地域社会の戦略によるのだろうか。地元志向的進学への注目は、日本との比較を行う場合に重要性を持つと指摘されており、それぞれの村の追跡調査とともにさらなる比較研究の広がりを期待したい。

第9回（2015年度）地域社会学会賞の受賞結果

1．受賞著作物

(1)地域社会学会賞
個人著作部門：該当作なし
共同研究部門：該当作なし

(2)地域社会学会賞奨励賞
個人著作部門：木村至聖『産業遺産の記憶と表象──「軍艦島」をめぐるポリティクス』京都大学出版会、2014年
共同研究部門：該当作なし
論文部門：　　小林秀行「災害復興における住民組織による調整−仙台市宮城野区の事例−」『日本都市社会学会年報』第32号、2014年9月

2．講評

地域社会学会賞奨励賞（個人著作部門）
木村至聖『産業遺産の記憶と表象──「軍艦島」をめぐるポリティクス』京都大学出版会、2014年

　近代における地域産業の勃興・変遷と、当該地域社会の構造変容の過程を克明に明らかにする作業は、地域社会学の重要なテーマの一つである。現存する資料・史料の価値を見抜いて、創意工夫を凝らし、近代社会の本質に迫ることが必要とされる。現存する実物資料の一つとして産業遺産がある。遺産として認識し、近代、現代における意味を読み解いてゆく作業をどのように進めるべきか、その作業は学術的にはまだ端緒についたばかりである。

　本書が奨励賞にふさわしいと考えられるのは、地域社会研究にとって有意義な「産業遺産」を読み解いてゆく方法を筆者なりのやりかたで示した点にある。本書に示された読み解きの方法論は、社会学および隣接領域の理論や概念を駆使して、グローバル・スケール、ナショナル・スケール、ローカル・スケールにおける文化遺産としての意味を考察するものである。粗削りで、焦点が分散している感はあるものの、「産業遺産」読解の意欲と一定の学術的見解が示されている点を評価した。

　「産業遺産」読解の方向性について、本書が複数の課題をかかえていることは事実である。地域における産業構造と社会構造を分析する方法を研くことによって、筆者自ら「あとがき」に記している「夏休みの絵日記」という批判を克服する努力を積むことが望まれる。その地域にとって、いかなる意味で基幹産業であったのか、それがナショナル・レベルにおいても基幹産業であることとどのように連接しているのか。「産業遺産」の考察・分析を深める道

を志すならば、日本の「産業」と「地域」の構造に執拗に迫る気概を期待したい。

地域社会学会賞奨励賞（論文部門）
小林秀行「災害復興における住民組織による調整――仙台市宮城野区の事例――」『日本都市社会学会年報』第32号、2014年9月

　本論文のねらいは以下の3点にある。第1に調整が災害復興をめぐる紛争や対立を解決するための重要問題であること、第2に復興研究では、仙南平野部の事例研究が少数であること、第3にそのため仙台市宮城野区の被災を受けた南蒲生地区と新浜地区の事例研究を通して、地域の住民による活性化をめぐる意見の相違を調整するプロセスを記述することである。

　論文は、結論として、南蒲生復興部は各種の意見の衝突の調整を通じて、コミュニティを維持することに成功したが、「新浜復興の会」は、コミュニティの維持に失敗したという。南蒲生復興部は、複数参加のルートを保証し、多様な意見を受け入れて「調整し」住民の代表機関の地位を維持したのである。その一方、「新浜復興の会」は、複数参加のルートも多様な意見も保証しなかったがゆえに、住民の支持を維持できなかった。安定化させた決定権を住民で共有する社会過程の失敗だったと総括する。

　論文は、第1に踏み込んだ調査や地域比較の面、若手の離脱などについて、さらに深く分析していくという課題がある。第2に著者が独自の知見として強調する「調整型組織が多様な意見を受け入れ、一般住民が参加できる経路を確保し、参加の機会を確保することが必要」という指摘は、一般的に組織を運営する場合の共通点であり、独創的とは言い難いところがある。

　とはいえ復興過程に関わる主体間の連関を軸に、そこにおける関係形成を規定する要因とその帰結を明らかにしている点に加えて、政策提言的な意味も高く評価できることから、今後への一層の研究を期待して研究奨励賞（論文部門）を授与することにしたい。

3．受賞者の言葉

地域社会学会賞奨励賞（個人著作部門）

木村　至誠（甲南女子大学）

　このたびは地域社会学会奨励賞に拙著を選出していただき、大変光栄に存じます。

　本書は、今やグローバルからローカルまで様々なスケールで生起しつつある産業遺構の「遺産化」現象に注目し、そのメカニズムとその作用の実態を明らかにすることを目的としたものです。この研究を始めたきっかけは、私がまだ学生であった頃、ふとした機会に「軍艦島」の写真集に出会ったことでした。軍艦島は当時まだ知る人ぞ知る廃墟の島に過ぎませんでしたが、それがたった10年の間に、長崎市の人気観光地の一つになり、国の史跡になり、2015年7月には「明治日本の産業革命遺産」の構成資産の一つ「端島炭坑」として世界遺産に登録されました。このダイナミックな変化を、たんなる流行現象としてではなく、ローカルからグローバルまで現代社会のあらゆる領域で徹底化されていく再帰性のあらわれとし

て捉え、それがとくに地域社会にもたらす影響を考えたいというのが、今に至る私自身の問題関心でした。

とはいえお恥ずかしいことに、当初私自身には地域社会学の素養がほとんどなく、あくまで文化社会学的な関心から「遺産化現象」というテーマに取り組み始めたのですが、次第に文化遺産のおかれた環境としての地域社会の有り様について分析することの重要性、おもしろさに気づいていきました。

拙著にはこうした私の研究上の来歴が刻まれているがゆえに、それが問題設定のぶれ、調査の甘さなど様々な問題点としてあらわれてしまっているかと思います。ただそれが曲がりなりにも、今回のような栄誉ある賞をいただけるまでの形になったのは、「産炭地研究会」を通して地域社会学会に在籍しておられる先生方に出会い、様々な研究上のアドバイスをいただく幸運に恵まれたためではないかと考えております。また、地域社会学会に入会後は、地域社会をめぐる重厚な研究蓄積に基づく最新の議論に触れ、拙著をまとめる上でもたくさんの示唆をいただくことができました。

世界遺産登録後も、軍艦島を取り巻く地域社会の状況はめまぐるしく変化しています。今後はこうした変化も引き続きフォローしつつ、より地に足のついた地域社会学的調査・考察を行ない、一層の精進をしていきたいと考えております。今後ともご指導・ご鞭撻のほど、よろしくお願いいたします。

地域社会学会賞奨励賞（論文部門）

小林　秀行（明治大学）

この度は、地域社会学会奨励賞に拙稿をお選び頂き、誠にありがとうございました。大学院入学以降に専攻を変え、社会学の道を歩んできた私にとり、このような栄誉ある賞を頂けましたことは、これまでの歩みを認めていただいたという点で何より嬉しく思いました。

また、拙稿をまとめるにあたっては、私自身の未熟さから、査読の先生方より論文全体にわたって多くのご指摘を頂く形となりました。拙稿がこのような賞を頂けたことも、偏に査読の先生方からのご指摘・ご指導があってのことと考えております。この場をお借りし、改めて御礼を申し上げます。

拙稿は、東日本大震災の被害を受けた仙台市沿岸部において、被災者が復興に向けて自ら立ち上がっていった過程を、地域社会内部の調整機能に焦点を当てつつ、明らかにしていったものです。災害復興では、多様な主体が相互に異なる目標像を主張しあうなかで、利害が複雑に絡みあい、合意形成を困難なものとします。こうした利害対立を解決するために、被災下の地域社会が行ったことは、「多様な意見の受容」「一般住民の参加経路の確保」「一般住民の参加機会の確保」という、議論の公開化・透明化と呼ばれるような活動でした。

このような活動を、被災下において着実に実施していったことで、地域社会の調整機能が維持され、復興に向けた合意形成を図ることが可能となったという点に、住民主体の復興の要点があるのではと考えております。

拙稿で調査を行った地域には、現在でも定期的に足を運んでおり、その復興の歩みからは、現在の復興制度のもとで住民主体の復興の進めていくことの難しさと、その難しさの中でも

着実に活動を積み重ねていくことの重要性を改めて認識しています。今後は、この度の奨励賞受賞を励みとして、研究上の課題である被災下の地域社会の実像把握、復興に関与する諸主体の整理などについて、さらなる研究に取り組んで参りたいと考えております。

地域社会学会活動の記録（2015年度）

第40回大会プログラム

2015年5月9日（土）～10日（日）
会場　東北学院大学土樋キャンパス8号館

5月9日（土）
◇第5回学会賞選考委員会　　10：30～11：30　3階第1会議室
◇第6回理事会　　　　　　　11：40～12：50　3階第1会議室
◇受付　　　　　　　　　　　12：30～　5階押川記念ホール前

◇自由報告1　13：00～15：00
◆自由報告部会1-1
　　　司会　荒川康（大正大学）　　3階第3・4会議室
1．河原晶子（志學館大学）　「平成の合併」後の農山村維持における行政のリーダーシップの形――奄美大島2村1地区の比較から
2．武田尚子（早稲田大学）　西播磨室津における近代漁業秩序と村落――大正期の朝鮮出漁と漁業者集団
3．永岡圭介（明治学院大学大学院）　地域表象としての湯治場――山形県最上郡大蔵村肘折温泉を事例に
4．牧野修也（神奈川大学）　中山間地の集落芸能の継承と意味変容――長野県南佐久郡小海町親沢集落・人形三番叟の事例から

◆自由報告部会1-2
　　　司会　二階堂裕子（ノートルダム清心女子大学）　5階押川記念ホール
1．野邊政雄（岡山大学）　高齢女性の社会関係にみられる階層的補完――地方中核都市の高齢女性を対象にして
2．速水聖子（山口大学）　学童保育をめぐる担い手の多様性――制度化における協働のゆくえ
3．清水洋行（千葉大学）　領域特定型中間支援組織の展開とローカル・ガバナンスの再編――地域における生活支援サービスの創出をめぐって
4．松山礼華（筑波大学大学院）　若者の地域参加に向けたプロセスと組織構造に関する一考察

◇自由報告2　15:15～17:15
◆自由報告部会2-1
　　　司会　岩永真治(明治学院大学)　　3階第3・4会議室
　1．齋藤綾美(八戸学院大学)　戦後開拓集落におけるコミュニティ再生の課題──青森県八戸市の事例
　2．谷口浩司(佛教大学)　マンション維持管理の自助・共助・公助──京都における管理評価事業を巡る課題
　3．古平浩(追手門学院大学)　長野県北部地震(長野県神城断層地震)からみる災害に備えた地域づくりのあり方
　4．鈴木鉄忠(中央大学)　「地域」の構築過程の検討──ヨーロッパ国境地域を手がかりに

◆自由報告部会2-2
　　　司会　丸山真央(滋賀県立大学)　　5階押川記念ホール
　1．木山さゆり(法政大学大学院)　地域社会類型と大学進学率
　2．成田凌(首都大学東京大学院)　周縁地域の人口減少と人口「回帰」──世代と移動に着目した人口分析から
　3．渡邊隼(東京大学大学院)　『自治省要綱』におけるコミュニティ構想──「地域社会」と「近隣社会」をめぐる言説の検討を中心として
　4．伊藤雅一(千葉大学大学院)　観光の観点から見る商店街組合の活動──千葉市の稲毛地域における事例より

◇総会　　　17:30～18:30　　5階押川記念ホール
◇懇親会　　19:00～21:00　　ＫＫＲホテル仙台「青葉」

5月10日（日）
◇受付　　　9:15～　　5階押川記念ホール前

◇自由報告部会3　9:30～12:00
◆自由報告部会3
　　　司会　佐藤彰彦(高崎経済大学)　　5階押川記念ホール
　1．岩崎信彦(神戸大学)　阪神淡路大震災20年から見えてきたこと
　2．望月美希(東京大学大学院)　東日本大震災の復興過程における労働状況の変化と支援──宮城県岩沼市玉浦地区の農業者の事例を中心に
　3．西野淑美(東洋大学)　岩手県釜石市Ａ地区住民が語る住まいの見通し──東日本大震災後の質的縦断調査より
　4．酒井恵真(札幌学院大学)・小内純子(札幌学院大学)　被災地・避難者支援における遠

隔地自治体の役割と地域ガバナンス——北海道の事例
  5．室井研二(名古屋大学)　南海トラフ地震被災想定地域の災害脆弱性と住民の防災意識

◇シンポジウム関係者打ち合わせ　　　　　12：10～12：50　3階第4会議室
◇第1回学会賞選考委員会　　　　　　　　12：00～13：00　3階第3会議室

◇シンポジウム　　　　13：00～16：30　　5階押川記念ホール
『国土のグランドデザインと地域社会——大震災と『地方消滅』の現場から』
　　司会　浅野慎一(神戸大学)、松薗祐子(淑徳大学)
  1．築山秀夫(長野県短期大学)　国土のグランドデザインと地域社会——中山間地域からの考察
  2．友澤悠季(立教大学)　「美しい郷土」の遠景から——1970年、陸前高田市新総合開発計画と「復興の時間」
  3．長谷川公一(東北大学)　国土のグランドデザインと被災地の現実
　　討論者　新原道信(中央大学)、熊本博之(明星大学)

2015年度研究例会

第1回研究例会
2015年7月11日（土）14:00-17:00　首都大学東京 秋葉原サテライトキャンパス
  1．選択と集中に抗う生活圏としての地域社会への問い　　松薗祐子(淑徳大学)
  2．東北の震災復興と今和次郎——ものづくり・くらしづくりの知恵　　黒石いずみ(青山学院大学)

第2回研究例会
2015年10月3日（土）14:00-17:00　明治学院大学白金キャンパス
  1．デザインされる国土と『文化』——『明治日本の産業革命遺産』をめぐる地域社会の葛藤　　木村至聖(甲南女子大学)
  2．生活圏としての地域社会：東京——フィリピン系出身移住女性労働者を中心に　　佐伯芳子(東京都・東京女子大研究員)

第3回研究例会
2015年11月28日(土)14:00-17:00　同志社大学今出川校地新町キャンパス臨光館
  1．地域資源の発見・探索・導入——喜多方市における蔵・ラーメン・太極拳のまちづくりを事例に　　池本淳一(早稲田大学)
  2．八重山にみる地域自治と生活文化　　杉本久未子(大阪人間科学大学)

第 4 回研究例会

2015 年 2016 年 2 月 6 日（土）14:00-17:00　東京大学法文 1 号館

1. 　　　　　「『国土のグランドデザイン』と『国民経済社会開発計画』・『国家空間計画』――「厚い比較」とプロセスの視点から」　尾中文哉 (日本女子大学)

　 2.　地方の社会解体的危機に抗する『地域生活文化圏』形成の可能性――十勝・帯広地域における農協インテグレーションとその行方　　西村雄郎(広島大学)

投稿規定

1. 投稿資格は地域社会学会会員とする．
2. 原稿は地域社会学およびその関連領域に関するものとし，原則として未発表のものとする．
3. 自由投稿論文は匿名のレフリーによる審査を受ける．
4. 自由投稿論文が一度掲載された会員は，その次の号には自由投稿論文を投稿できないものとする．
5. 自由投稿論文はタイトル，執筆者氏名，本文，図表，注，引用文献を含めて，年報掲載時に14ページ以内(1ページは41字×38行で1,558字)に収まるものとする．したがって上限字数は21,400字(400字詰め原稿用紙53.5枚)である．なお英文要旨は掲載決定後に，300語以内で作成する．
6. ビューポイントと名著再発見はタイトル，執筆者氏名，本文を含めて，年報掲載時に4ページ以内とする．したがって，本文の分量は，5,986字(41字×146行)以内とする．
7. 編著書は書評が難しいため自著紹介という形での投稿を設ける．長さは編著書タイトル，執筆者氏名，本文を含めて，年報掲載時に2ページ以内とする．したがって，本文の分量は2,870字(41字×70行)以内とする．
8. 投稿者は原稿を電子ファイルで作成し，必要な部数のハードコピーを提出する．提出方法や部数については別途執筆要領に定めるとおりとする．
9. 編集委員会からの依頼論文，自由投稿論文，ビューポイント，名著再発見，書評，自著紹介等，年報に投稿された著作物等の著作権については，別途「地域社会学会著作権規定」に定めるとおりとする．

(2009年5月)
(2015年5月改訂)

※最新の投稿規定については、地域社会学会ホームページを御覧下さい。2016年5月の総会において再改訂が予定されています。

執筆要領

1. 投稿者は定められた期日までに投稿原稿をハードコピーで1部提出する。その後、編集委員会の指示にしたがって速やかに原稿の電子ファイルを提出しなければならない。電子ファイルはワードもしくはテキストファイルで作成したものとする。
2. 自由投稿論文及び特集論文(依頼原稿)は本文の前に、論文題目・欧文タイトル・著者名・著者名のローマ字表記・所属を明記すること。
3. 自由投稿論文及び特集論文(依頼原稿)はタイトル・執筆者氏名・本文・図表・注・引用文献を含めて、年報掲載時に14ページ以内(1ページは41字×38行で1,558字)とする。冒頭にタイトル・執筆者氏名等に必要なデッドスペースを10行分とるため、本文・図表・注・引用文献の分量は41字×522行に抑える必要がある。なお、英文要旨は掲載決定後に300語程度で作成する(英文要旨は、上記文字数にカウントしない)。
4. 書評・自著紹介(依頼原稿)はタイトル、執筆者氏名、本文を含めて、年報掲載時に2ページ以内とする。冒頭にタイトル・執筆者氏名等に必要なデッドスペースを6行分とるため、本文の分量は41字×70行以内とする。
5. ビューポイントと名著再発見はタイトル・執筆者氏名・本文を含めて、年報掲載時に4ページ以内とする。冒頭にタイトル・執筆者氏名等に必要なデッドスペースを6行分とるため、本文の分量は41字×138行以内とする。
6. 原稿はA4版の用紙を使って、41字×38行で印字する。年報は1ページ当たり1,558字(41字×38行)である。図表を使用する場合、できるかぎり本文に図表が挿入された形式で印字すること。図表はRGBデータではなくモノクロデータとして作成すること。
7. 原稿の表記については、以下の原則に従うこと。
   (1)日本語表記については全角文字を使用する。句読点、括弧、カギ括弧などの記号類も全角文字を用いる。なお句読点は「、」「。」を使用する。(2)英数字は半角とする。(3) 注は本文中に 1) のように番号を入れた上で、文献リストの前にまとめること。(4) 見出し・小見出しは「1」「1.1」「1.1.1」のようにナンバリングする。(5) 欧文文献のタイトルはイタリック体で表記すること。
8. 上に定めた以外の形式は、日本社会学会が定めている『社会学評論スタイルガイド』に準拠する。同学会ホームページに掲載されている最新版を参照すること。著しく形式が整っていない原稿は、査読せず差し戻すことがある。

(2009年5月)
(2016年2月6日最終改訂)

※最新の執筆要領については、地域社会学会ホームページを御覧下さい。

著作権規定

第1条　本規定は,地域社会学会(以下「本学会」という)の学会誌である『地域社会学会年報』(以下『年報』という)ならびに『地域社会学会会報』(以下『会報』という)に投稿される論文等著作物の著作権について定める.

第2条　本規定における著作権とは,著作権法第21条から第28条に規定される著作財産権(複製権,上演権及び演奏権,上映権,公衆送信権,口述権,展示権,頒布権,譲渡権,貸与権,翻訳権・翻案権等,二次的著作物の利用に関する原著作者の権利)ならびに同第18条から第20条に規定される著作者人格権(公表権,氏名表示権,同一性保持権)のことをいう.

第3条　『年報』ならびに『会報』に投稿される論文等著作物の著作財産権については,本学会に最終原稿が投稿された時点から,本学会に帰属する.

第4条　『年報』ならびに『会報』に投稿される論文等著作物の著作者人格権については,著作者に帰属する.ただし,著作者は,本学会および本学会が論文等著作物の利用を許諾した第三者にたいして,これを行使しない.

第5条　第三者から著作権の利用許諾申請があった場合,本学会は,編集委員会において審議し,適当と認めたものについて,申請に応ずることができる.

2　前項の措置によって,第三者から本学会に対価が支払われた場合,その対価は本学会の活動のために利用する.

第6条　著作者が,自身の論文等著作物を,自身の用途のために利用する場合は,本学会は,これに異議申し立て,もしくは妨げることをしない.ただし,著作者は,本学会に事前に申し出をおこなったうえ,利用する論文等著作物のなかに,当該の『年報』あるいは『会報』が出典である旨を明記する.

第7条　『年報』ならびに『会報』に投稿された論文等著作物が第三者の著作権を侵害する問題が生じた場合,本学会と著作者が対応について協議し,解決を図る.

第8条　本規定は,2014年5月10日から発効する.

(2014年5月)

※最新の著作権規定については、地域社会学会ホームページを御覧下さい。

English Summaries of Articles

The Grand Design of National Spatial Development and Regional Society:
Perspectives from the Scenes of the Great Earthquake and "Extinction of Hinterlands"

Shin'ichi ASANO

Japan Association of Regional and Community Studies (JARCS) set its common issue for 2014 to 2016 as "the Grand Design of national spatial development and regional societies as living-spheres". In the 40th symposium held in May 2015, we focused on regional areas and the disaster area of Great East Japan Earthquake, to which the topic of "selection and concentration" is most applicable.

The discussion of this symposium has a relation with the definition and evaluation of post-colonial developmentalism nations, and the transition of regional areas of East Asia.

In 2014, the Japanese government proposed a national spatial development plan called "Grand Design 2050". Regional societies as living-spheres of local people, however, have developed in their own way, resisting against this national spatial development plan. It is an unavoidable theme for regional and community studies to grasp the situation and relation of the government plan and the local people's action, and unravel their historical and social meanings.

"Grand Design of National Spatial Development towards 2050" and Local Community:
Based on Researches in Foot-Hill and Mountain Areas

Hideo TSUKIYAMA

In this paper, first of all, I'll consider the trends of regional policies (Comprehensive National Development Plans) in Japan, from a viewpoint of GD2050 announced in July, 2014. For this purpose, I place GD2050 among the trends of the past National Spatial Development in Japan and reconsider its continuity and shift. Until GD2050 was introduced, a principle of well-balanced national development had been maintained. The most important difference between the previous Comprehensive National Development Plan and GD2050 is that GD2050 introduces the regional distribution with differential basis rather than well-balanced regional development.

GD2050 gives a shock by predicting the two challenges facing Japan, namely, an unprecedented population decrease and natural disasters. In order to deal with them, it indicates as the prerequisite "selection and concentration," "Compact and Networks", "Building National Resilience." This is, as it were, a Shock Doctrine by which the government introduces market fundamentalism, taking advantage of disastrous situations.

As an example of the cases that national regional policy like GD2050 influences the local community, I analyze Ooka-mura, which is in a mountainous area, merged into Nagano-shi in 2005 . This area is a typical place which is not selected in GD2050. While intensive investment is carried out for some compact cities, management efficiency and marketization are pessured on other areas like Ooka-mura in order to secure financial resources for regional policy like GD2050. This kind of marketization of commons is an example of those pressures which breaks up cohesion of village communities.

Memories of a Beautiful Hometown:
A Diachronic Analysis of a Development Project and Revitalization Project in Rikuzentakata

Yuuki TOMOZAWA

The purpose of this article is to analyze the postwar history of Rikuzentakata's coastal area from a diachronic viewpoint.

After Japan's high economic growth period, many local governments have had great difficulty in sustaining the capabilities of regional communities and their social order. The Japanese government has offered a Comprehensive National Land Development Plan and has forced local governments to try to achieve large-scale development and the attraction of industry. Moreover, the Rikuzentakata government formed a plan for regional development including reclamation of the Hirota Bay coastal area in 1970, but Hirota Bay fishermen and the residents of coastal Rikuzentakata opposed the plan. The result of the opposition movement was that the plan was put on hold and discussed for a long time.

At first, the people's motivation in carrying out the opposition movement was to stop environmental pollution, but more fundamentally, they hoped to debate and give serious consideration to their own future through their own autonomous capabilities. They started to discuss how to develop the Rikuzentakata area with their own hands. Residents tried to maximize the value of their natural advantages, local foods and products, and organized events to attract visitors. By the early 2000s, the number of visitors was increasing little by little.

On March 11, 2011, the earthquake and tsunami brought enormous damage to Rikuzentakata. Five years have passed since then, and people have struggled step by step to rebuild their lives. They have resumed the traditional festival, opened makeshift stores and have tried to create a new community. On the other hand, the Japanese government has carried out the reconstruction policy through the use of a huge budget. Recently, several questions about the revitalization project have surfaced among the people because their hometown is set to change too rapidly. There may be the feeling that there is neither place nor time to discuss multiple ideas that differ from the national policy.

Disaster Capitalism and Risk Management:
Thinking on Hanshin-Awaji Great Earthquake and Great East Japan Earthquake

Nobuhiko IWASAKI

Twenty years have passed since Hanshin-Awaji Great Earthquake occurred. The results of the restoration projects from the damages are clarified by NHK research conducted in 2014. The author considers the new conception "disaster capitalism" proposed by Nomi Klein's Shock Doctrine in 2007 is very important. Kobe city government had promoted City Management strategy before and after the Earthquake and it was truly "disaster capitalism". It brought many scars of the damages and the inadequacy of the restoration through the capitalistic management activities.

The Third World Conference on Disaster Risk Reduction was held in Sendai in 2015 and the conceptions "disaster risk reduction" and "risk management" have been accentuated . The conception of risk management is based on three factors such as severity of damages, probability of disaster occurrence and cost-and-benefit. Therefore it cannot directly respond to the actual danger of disasters because of the mediational ideas of probability and cost-and-benefit. It also propels government centralization and impedes independent activities of habitants for disaster prevention.

Risk society produces many ideological words and assertions such as "public finance should not be applied to individual compensation", "nuclear power plants are truly safe", "self-responsibility" and "resilience".

When we refer to Kanto Great Earthquake we find it was followed by tragic wars. The author is afraid that the legislation of military security has been now rapidly promoted by central government after Great East Japan Earthquake.

Rethinking Community in Temporary Housing in the 2011 Great East Japan Earthquake:

Disaster Victims' Life Problems and Support Networks

Yasunori SAITO

In regional and community studies, there have been many researches about communities in temporary housing since the 1995 Great Hanshin-Awaji Earthquake. Sociologists, focusing on the period when disaster victims moved into prefab temporary housing, discussed the organization of tenants' associations and support networks of volunteers. In contrast, they paid little attention to the development of these associations and networks. As the evacuation period is prolonged, victims not only live in temporary housing but also come to settle in the very area where it is located. This point seems to be lacking in existing sociological studies.

In the 2011 Great East Japan Earthquake, more than 52,000 prefab temporary housing units were built in three disaster-stricken Iwate, Miyagi, and Fukushima Prefecture. The government of the day tried to move each disaster-hit community into each temporary housing complex in order to avoid harming pre-disaster neighborhood relationships. However, owing to the widespread evacuation, those who have different local backgrounds and various disaster situations separately moved into the same temporary housing especially in urban areas they flowed into. Moreover, such an organization policy from the government might have influence on their autonomous activities.

Based on the above, this paper takes up a temporary housing complex "Asuto Nagamachi Kasetsu Jutaku" in Sendai-City, which many victims separately moved into. In this complex, people met with some neighbor problems in the beginning, but worked out health support activities and made a proposal of disaster public housing with aid from nonprofit organizations and professional volunteers. This study focuses on the transformation of their life problems and support networks by four time periods: moving into temporary housing, making relationships between victims, doing autonomous activities, and moving from temporary housing.

English Summaries of Articles

Work as "Raison d'existence" in the Revitalization from Disaster:
Case Studies of Farmers in Tamaura Area, Iwanuma City, after the Great East Japan Earthquake

Miki MOCHIZUKI

After the East Japan Great Earthquake, recovery of infrastructure and industry is in progress. On the other hand, a problem about life and existence like earthquake-related stress, has occurred. From the previous experience of the Great Hanshin-Awaji Earthquake of 1995, supporters thought "working" as a way of preventing isolation. However, we should consider about characteristic of "working" in Tohoku area; the most of area was subsisted by primary industry. In this paper, we focus on especially the "working" of farmers in the coastal area.

Tamaura area, the coastal area in Iwanuma city, was attacked by the tsunami and residents were transferred by the reconstruction policy, so most of the famers gave up working. Some of the farmers, however, restarted agriculture. They were divided into two types. One type of farmers tried to incorporate the policy aims. The other type of famers restarted agriculture in their own way.

The latter was sustained by residences or private funders. This type of agriculture was small scale, so farmers received little benefit. Even so, there were two meanings for them. First, it is meant to rebuild relationships with others. Separated the people by refuge and move, farming together was a chance of reunion. Second, it is meant to exhibit their identities because they had been engaged in agriculture for the life. Therefore, we would define this type to "Agriculture as raison d'existence".

After earthquake, life of the retired farmers was changed to "Nothing to do"—it means to lose everyday activities like working, meeting with people in the community. In this situation, "Agriculture as raison d'existence", having the two meanings previously mentioned, would contribute to revitalization. To sustain life and existence of the sufferers affected by the earthquake, we would think the system of support for such type of working.

On the Organizational Structure of Youth Participation in Local Communities:
Case Study of a Local Volunteer Group in Kashiwa-shi, Chiba

Reika MATSUYAMA

The objective of this paper is to clarify the particular organizational structure that enables youth participation in a local community through a case study of a volunteer group called Street Breakers whose work in Kashiwa-shi has resulted in young people joining activities to vitalise the city centre.

In recent years, multiple surveys have shown an increasing tendency among youth to remain in their home communities and it has been pointed out that this arises due to the importance that youth place upon close friendships with their peers.

From these findings, I point out a difficulty of the present situation. Even though the regional sociology indicates the importance of fostering "publicity" and "purposeful cooperation" in the local community, it remains difficult for young people to participate.

Based on observations on participation, it was confirmed that Street Breakers' organizational structure consists of two different principal models: a hierarchical, and a network model which are fused together in a way that enables youth to participate in local activities.

The former is a top-down tree structure in which resources and power of authority are concentrated and given to the senior level of the organization who then set the aims of activities and encourage people's heteronomous participation. The network model is a horizontal organizational structure which consists of participants who share a common purpose and values. They make a commitment to the organization independently and self-sustainingly.

Street Breakers creates rich dynamics in the network model of organization. However, it is supported by the hierarchical model when the principle of purposeful cooperation became unstable and delayed. In this way, youth can maintain their purposeful cooperation and be linked to various area resources although they needn't devote themselves to intimacy with their peers.

編集後記

　『地域社会学会年報』第 28 集が刷り上がりました。
　今号では、大会シンポジウムをベースにした特集「「復興」と「地方消滅」：地域社会の現場から」を巻頭に掲げ、3 本の論文を掲載しました。前号、前々号（26、27 集）でも、東日本大震災が生み出した社会的課題を特集としてとりあげましたが、今号では、震災復興の過程で現れてきた諸問題を、「選択と集中」の論理の下で苦闘する地方社会の現実と広く重ね合わせながら、現代日本社会と地域政策のあり方を批判的に分析・考察するという体裁をとっています。震災から 5 年を迎えた被災者・被災地の現状と、「地方消滅」の危機を煽られ「生存競争」を強いられる地域社会の現場を注視することによって、われわれ地域社会学の研究者は、現代社会にどのようなメッセージや提言を発したり、「現場への支援」を実践したりすることができるのか――特集論文からはそのような問いかけが伝わってきます。
　自由投稿論文については 9 本の投稿があり、うち 4 本が掲載されました。査読者と著者との数度に及ぶインターアクションを経たものの、あと一歩というところで時間切れとなり、惜しくも掲載することができなかった論稿もありました。投稿者の方々には、ぜひ次号にもチャレンジしていただきたいと切に願っています。
　そのほか、書評・自著紹介が 11 本掲載されています。他の分野でもいえることですが、近年、単著・編著・共著を含め、学術書の刊行点数が増加する傾向にあります。編集委員会でも、学会ニュースに掲載される「会員の研究成果情報」をはじめ、寄せられた新刊情報やさまざまなデータベースを参考にしながら書評候補のリストアップをしていますが、新刊学術書の全貌を把握する作業に苦心しているのが現状です。2014 年 6 月以降に刊行された学術書で、書評または自著紹介でとりあげた方がよいと思われる候補作がありましたら、今号あるいは次期の編集委員会宛に遠慮なくお知らせください。
　前号の編集後記や学会ニュースでも逐次お知らせしてきたとおり、今期の編集委員会では、投稿規定と執筆要領の改正・修正に取り組みました。両者の関係も見直し、具体的な執筆の様式については、すべて執筆要領で対応するよう改めました。会員の皆様におかれましては、今一度、投稿規定と執筆要領をご覧の上、それらに則った形式でご投稿いただきますよう、ご理解・ご協力のほどをよろしくお願いします。
　最後に、投稿規定の改正も含め、この 2 年間、中澤秀雄委員長の小気味よいてきぱきとした差配の下で編集業務が遂行されてきたことを特記するとともに、本号を刊行するに当たって、執筆者、査読者、編集委員、出版社各位の労を多としたいと思います。

（横田尚俊）

編集委員会

　○横田尚俊　藤井和佐　小内純子　市川正彦　◎中澤秀雄　丹邉宣彦　二階堂裕子
　伊藤亜都子　松宮朝　新藤慶　田中志敬　下村恭広
　（◎編集委員長・○副編集委員長）

執筆者紹介(執筆順)
浅野慎一　　　　　（神戸大学大学院人間発達環境学研究科）
築山秀夫　　　　　（長野県短期大学国際地域文化専攻）
友澤悠季　　　　　（長崎大学環境科学部）
岩崎信彦　　　　　（神戸大学名誉教授）
齊藤康則　　　　　（東北学院大学経済学部）
望月美希　　　　　（東京大学大学院新領域創成科学研究科博士後期課程）
松山礼華　　　　　（筑波大学人文社会科学研究科博士後期課程）
小木曽洋司　　　　（中京大学現代社会学部）
古平　浩　　　　　（大正大学地域創生学部）
吉原直樹　　　　　（大妻女子大学社会情報学部）
武田尚子　　　　　（早稲田大学人間科学学術院）
牧野修也　　　　　（神奈川大学非常勤講師）
内田龍史　　　　　（尚絅学院大学総合人間科学部）
藤谷忠昭　　　　　（相愛大学人文学部）
酒井恵真　　　　　（札幌学院大学名誉教授）
麦倉　哲　　　　　（岩手大学教育学部）
森久　聡　　　　　（京都女子大学現代社会学部）
松薗(橋本)祐子　　（淑徳大学総合福祉学部）

地域社会学会年報第 28 集
「復興」と「地方消滅」：地域社会の現場から

定価は表紙に表示

2016 年 5 月 14 日　第 1 刷発行

Ⓒ編　者　地域社会学会
発行所　ハーベスト社
〒 188-0013　東京都西東京市向台町 2-11-5
電話　042-467-6441 ／ Fax　042-467-8661
振替　00170-6-68127

印刷・製本：㈱平河工業社
落丁・乱丁本はお取りかえします。Printed in Japan

ISBN 978-4-86339-076-8　C1036